Hartmut Richter

Hausübertragung von den Eltern auf die Kinder

Ratgeber für Eltern, die ihren Kindern das Eigenheim übertragen möchten!

zweite komplett überarbeitete Auflage

edition winterwork

Bibliografische Informationen der Deutschen Nationalbibliothek:
Die Deutsche Nationalbibliothek verzeichnet diese Publikation in der Deutschen Nationalbibliographie. Detaillierte bibliographische Daten im Internet über http://www.d-nb.de abrufbar.

Impressum

Hartmut Richter, »Hausübertragung von den Eltern auf die Kinder«
www.edition-winterwork.de

2. komplett überarbeitete Auflage

Satz: edition winterwork
Umschlag: Hartmut Richter
Druck und Bindung: winterwork Borsdorf

ISBN 978-3-98913-074-6

Hartmut Richter

Hausübertragung von den Eltern auf die Kinder

Ratgeber für Eltern, die ihren Kindern das Eigenheim übertragen möchten!

zweite komplett überarbeitete Auflage

edition winterwork

VORWORT

Das Buch behandelt die Übertragung des Eigenheims, einer Haushälfte oder einer Eigentumswohnung zu Lebzeiten der Eltern auf die Kinder.

Juristisch korrekt heißt es: „*Übertragung der Immobilie im Wege der vorweggenommenen Erbfolge*". Genau hier setzt das Buch an. Allgemeinverständlich wird die Übertragung einer Immobilie zu Lebzeiten der Eltern auf die Kinder erläutert. Dabei werden wichtige Tipps, Ratschläge und verständliche Erklärungen gegeben, ohne dass der Leser ein juristisches Wörterbuch zur Linken liegen haben muss.

Viele Eltern und Hauseigentümer stellen die gleichen Fragen:

Wie und wann übertrage ich das Haus auf meine Kinder? Wie kann ich mich dann im Grundbuch absichern?

Des Weiteren stellen sich viele Eltern Fragen zu den verschiedenen Sicherungsmöglichkeiten im Grundbuch.

Was ist ein Nießbrauchrecht, ein Wohnrecht, ein Wohnungsrecht? Wie wirken sich die im Grundbuch eingetragenen Rechte aus, wenn ein Elternteil in ein Pflegeheim umziehen muss? Wo liegt der Unterschied zwischen einem Altenteil und einem Wohnungsrecht? Was verbirgt sich hinter einer Rückauflassungsvormerkung (juristisch korrekt: „...Vormerkung zur Sicherung des Anspruchs auf Rückübertragung..."? Was passiert, wenn das Kind Eigentümer geworden ist und die Zwangsversteigerung des Hauses droht? Können die Eltern noch etwas gegen die drohende Zwangsversteigerung unternehmen? All diese Fragen und noch weitere werden in diesem Buch beantwortet. Im Rahmen der Vorbereitung auf die Hausübertragung werden noch interessante Fragen des Erbrechts, des Sozialrechts, des Kostenrechts und des Steuerrechts behandelt. Weiterhin werden Hinweise zur Ausgestaltung des notariellen Übertragvertrages gegeben. Anhand eines Grundbuchauszuges wird dem Leser erläutert, wo sich die Regelungen des Vertrages im Grundbuch widerspiegeln. Mit diesem Ratgeber soll der Leser gut für eine Hausübertragung gewappnet werden.

INHALTSVERZEICHNIS

KAPITEL I

1. Überlegung zur Einstiegsfrage „Welches unserer Kinder soll das Haus bekommen?“

Um die Einstiegsfrage klären zu können, bedarf es einiger Ausführungen in das deutsche Familienrecht. Familie Mustermann soll bei den Ausführungen helfen. Bei Familie Mustermann handelt es sich um eine so genannte „deutsche Durchschnittsfamilie“. Was verbirgt sich hinter dieser Familie? Man spricht von der deutschen Durchschnittsfamilie, bei einem verheirateten Ehepaar mit zwei Kindern (hier: eine Tochter und ein Sohn). Die Eltern leben im Güterstand der Zugewinngemeinschaft leben.

1. 1 Der gesetzliche Güterstand (Zugewinngemeinschaft)[1]

Der gesetzliche Güterstand in Deutschland ist die Zugewinngemeinschaft. Als Zugewinngemeinschaft wird der gesetzliche Güterstand der Ehegatten bezeichnet, wenn nicht durch einen Ehevertrag etwas anderes vereinbart wurde.

1. 1. 1 Merkmale der Zugewinngemeinschaft

- Das Vermögen des Mannes und das Vermögen der Frau werden nicht gemeinschaftliches Vermögen. Die Vermögensmassen bleiben getrennt; dies gilt auch für Vermögen, welches ein Ehegatte nach der Eheschließung erwirbt.

1 § 1363 Bürgerliches Gesetzbuch (BGB) Zugewinngemeinschaft

- Jeder Ehegatte haftet grundsätzlich nur für seine eigenen Schulden und dass nur mit seinem eigenen Vermögen.
- Alle Vermögensmassen, die die Ehegatten gemeinsam in der Ehe erzielen oder erwirtschaften, nennt man „Zugewinn“.
- Der Zugewinn, den die Ehegatten in der Ehe erzielen, wird nur ausgeglichen, wenn die Zugewinngemeinschaft endet (Scheidung, Änderung des Güterstandes).
- Wird die Zugewinngemeinschaft durch Tod eines Ehegatten beendet, so wird der Zugewinn dadurch ausgeglichen, dass sich der gesetzliche Erbteil des überlebenden Ehegatten um ein Viertel der Erbschaft erhöht[2] (sog. erbrechtliche Lösung), unerheblich davon, ob die Ehegatten tatsächlich einen Zugewinn erzielt haben oder nicht.
- Eine Änderung des Güterstandes ist nur möglich, wenn die Ehegatten in einer notariellen Urkunde einen anderen Güterstand[3] wählen.

Im Verlauf des Buches wird aufgezeigt, welche Auswirkungen der Güterstand im Detail auf die Erbfolge und die Erbanteile hat. Diese Erläuterungen sind notwendig, um die nachfolgenden Beispiele besser verstehen zu können.

1. 2 Die Einstiegsfragen

Nun zurück zur Einstiegsfrage, „Welches unserer Kinder soll das Haus bekommen?“. Diese Frage müssen die Eltern Mustermann vorab klären. Eventuell möchten die Eltern Mustermann eine Wohnung im Obergeschoss bewohnen und das Kind soll mit seiner Familie im Erdgeschoss wohnen. Die Eheleute Mustermann haben sich dazu entschieden, dass die Tochter das Haus übertragen

2 § 1371 BGB Zugewinnausgleich im Todesfall

3 Weitere Güterstände in Deutschland: Gütergemeinschaft und Gütertrennung

bekommen soll. Dem Sohn möchten die Eheleute gegebenenfalls eine Abfindung zahlen. Woran können die Mustermanns eine Abfindungszahlung an den Sohn festmachen? Welche Gegenleistungen soll der Sohn erfüllen, damit die Eltern ihm die Abfindung zahlen?
Auch die weiteren Fragen, die sich im Hinblick auf die Hausübertragung ergeben, wie beispielsweise die Frage, nach der Absicherung einer Wohnung für die Eltern im Grundbuch und vieles mehr, werden im Verlaufe dieses Buches besprochen.

1. 3 Der „runde Tisch“

Dieser Ratgeber soll dem Leser bei der Vorbereitung des Gesprächs am „Runden Tisch“ dienen. Eine von den Eltern häufig gestellte Frage „Was kann ich für Forderungen an die Tochter stellen und welche Pflichten kann ich ihr, wie auch dem Sohn, auferlegen?“ Genau hier setzt dieser Ratgeber an. Er wird dem Leser helfen, Forderungen und Pflichten zu formulieren, die am „Runden Tisch“ den Kindern unterbreitet werden können. Die Eltern Mustermann sollten nie vergessen, dass sie diejenigen sind, die einen Großteil ihres Vermögens – die Immobilie[4] – an die Tochter abgeben. Mithin sind die Eheleute Mustermann in der Position, Forderungen an die Tochter zu richten. Ist erst einmal der notarielle Vertrag mit der Tochter geschlossen, dann haben die Mustermanns nur noch geringe Chancen, weitere Forderungen durchzusetzen. Mit der Eintragung der Tochter in das Grundbuch ist sie Eigentümerin des Hauses geworden[5].

4 Immobilie beinhaltet in diesem Buch das Grundstück plus aufstehenden Haus, auch Hausgrundstück genannt

5 Durch Einigung (Übertragungsvertrag der Eltern mit der Tochter) und der Eintragung der Tochter im Grundbuch als Eigentümerin geht das Eigentum wirksam auf diese über, §§ 873, 925 BGB

Tipp

Die Eltern sollten nie zur Tochter gehen und sagen

> *„... Tochter, Du sollst unser Haus bekommen, aber erzähl es nicht Deinem Bruder, der weiß nichts davon!"*

Solch eine Vorgehensweise wird zum Vertrauensverlust beim Sohn führen und Mustermanns brauchen sich nicht mehr mit ihren Kindern an den „Runden Tisch" setzen. Ein offenes und ehrliches Wort mit den Kindern ermöglicht allen einen vertrauensvollen Umgang miteinander.

2. Abfindungsansprüche an weitere Kinder

2. 1 Allgemeines

Nun zu der Frage, die sich alle Eltern stellen: „Sind wir als Eltern verpflichtet dem Sohn eine Abfindung zu zahlen?" Eltern sind grundsätzlich nicht verpflichtet, den weiteren Kindern eine Abfindung zu zahlen. Der Gesetzgeber hat für diesen Fall kein Gesetz formuliert, welches die Eltern verpflichtet, an die weiteren Kinder einen Abfindungsbetrag zu zahlen. Die Eltern sind von Gesetzes wegen auch nicht verpflichtet, die Kinder zu fragen, ob sie ihr Eigenheim oder ihr Auto verkaufen[6] dürfen. Und genauso sieht der Gesetzgeber die Übertragung des Eigenheims an eines der Kinder. Die Eheleute Mustermann gehen mit der Tochter einen so genannten Schenkungsvertrag ein. Dieser Vertrag muss notariell[7] abgefasst werden, da die Mustermanns ansonsten das Eigentumsrecht an dem Haus nicht wirksam auf die Tochter übertragen können.

6 Juristisch „veräußern"

7 § 925 a, 311 b BGB Übertragungsvertrag

All das, was mit der Übertragung eines Hauses in Verbindung steht und in das Grundbuch eingetragen wird, - juristisch nennt man die Eintragungen im Grundbuch auch „verdinglichen“ – muss in einer öffentlichen Urkunde[8] festgeschrieben werden. Zurück zum Abfindungsanspruch des Sohnes. Alle Eltern möchten ihre Kinder gleich behandeln und in diesem Fall ist es auch sinnvoll, dass Mustermanns ihrem Sohn eine Abfindung zahlen. Diese Abfindung sollte jedoch nicht ohne Gegenleistung erfolgen.

2. 2 Der Erb- und Pflichtteilsverzichtsvertrag

Die Gegenleistung des Sohnes soll ein Verzicht auf Rechte sein, die dem Sohn gesetzlich nach dem Tode der Eltern zustehen. Bei den Rechten handelt es sich um das gesetzliche Erbrecht[9] und um das Pflichtteilsrecht[10]. Auf beide Rechte soll der Sohn in einer vor einem Notar errichteten Urkunde verzichten. Juristen sprechen nicht vom Schreiben einer Urkunde, sondern von der Errichtung einer Urkunde[11].

2. 2. 1 Wirkung des Erb- und Pflichtteilsverzichtsvertages für den Sohn

- Nach Unterzeichnung eines entsprechenden Verzichtsvertrags haben der Sohn, wie auch die Kinder des Sohnes, keinen Anspruch mehr auf das gesetzliche Erbteil nach beiden (Groß)Elternteilen[12].

8 § 29 Grundbuchordnung (GBO)
9 § 1922 ff BGB Gesamtrechtsnachfolge
10 § 2303 BGB Pflichtteilsberechtigter
11 § 2348 BGB Erbverzichtsvertrag
12 § 2346 BGB Wirkung des Erbverzichts

- Des Weiteren besteht kein Anspruch mehr auf den Pflichtteil nach dem Tode jedes Elternteils[13] [14].

2. 2. 2 Welcher rechtliche Sinn steckt für die Eltern in dem Verzicht des Sohnes?

Die Eltern Mustermann wissen, dass der Sohn keine Ansprüche mehr gegen die Eltern oder auch nicht gegen die Erben des jeweiligen Elternteils geltend machen kann. Hierbei ist zu beachten, dass nach jedem Elternteil eine separate Erbfolge eintritt[15]. Diese Erbfolgen können auf zwei unterschiedlichen Wegen geregelt werden, zum einen kann sich die Erbfolge nach der gesetzlichen Regelung[16] richten, das bedeutet, die Eltern haben kein Testament und auch keinen Erbvertrag geschlossen. Nur in diesem Fall tritt die gesetzliche Erbfolge nach dem Bürgerlichen Gesetzbuch (BGB) ein (genaue Erklärung der gesetzlichen Erbfolge siehe unten). Zum anderen erfolgt die Bestimmung durch sogenannte „Verfügungen von Todes wegen" (Testament[17], Erbvertrag[18]).
Liegt ein wirksames Testament oder ein Erbvertrag der Eltern vor, dann regeln sich die Erbfolgen der Elternteile ausschließlich nach diesem.
Umkehrschluss: Die gesetzliche Erbfolge nach den Eltern kann nie greifen, wenn eine wirksame Verfügung von Todes wegen (Testament oder Erbvertrag) vorliegt. Haben die Eheleute Mustermann ein Testament errichtet und sich gegenseitig zu Alleinerben nach dem erstversterbenden Ehegatten eingesetzt, dann haben

13 Siehe Fußnote 12

14 Auch hier wirkt der Pflichtteilsverzicht gegen die Kinder des Sohnes, diese können ebenfalls keine Ansprüche mehr geltend machen

15 § 1922 ff BGB Gesamtrechtsnachfolge

16 Siehe Fußnote 12

17 § 1937 BGB Erbeinsetzung durch Testament

18 § 1941 BGB Erbvertrag

Mustermanns automatisch ihre Kinder nach dem erstversterbenden Elternteil enterbt[19]. Bei dieser Testamentskonstellation weist der Gesetzgeber den Kindern ein Pflichtteilsrecht zu.

2. 2. 3 Allgemeines zum Pflichtteilsrecht

„... *Pflichtteilsberechtigt ist derjenige, der nach der gesetzlichen Erbfolge zum Erbe berufen wäre, wenn kein Testament vorhanden wäre und diese Person im Testament / Erbvertrag nicht als Erbe benannt wurde*[20]... "
Eine sehr komplizierte Formulierung des Gesetzgebers zur Definition des Pflichtteilsberechtigten. Aus diesem Grunde soll das gesetzliche Erbrecht und das Pflichtteilsrecht anhand eines Beispiels erläutert werden.

Beispiel 1
Herr A ist verstorben, er war verheiratet und Vater von einer Tochter und einem Sohn. Die Ehegatten lebten im Güterstand der Zugewinngemeinschaft (gesetzlicher Güterstand). Das Ehegattenvermögen beträgt am Todestag des Herrn A, inkl. eines Eigenheims ca. 500.000,- Euro. Da der Ehemann verstorben ist, gehen ca. 250.000,- Euro des Ehegattenvermögens in die Nachlassmasse über.

19 § 2303 BGB Pflichtteilsberechtigte

20 § 2303 Abs. 1 BGB Pflichtteilsrecht des Abkömmlings, § 2303 Abs. 2 BGB Pflichtteilsrecht der Eltern und dem Ehegatten

Berechnungsbeispiel 1
Verteilungsmasse: 250.000,- Euro

Erben	gesetzliches Erbrecht (bei Zugewinngemeinschaft ohne Testament/ Erbvertrag) Verteilungsmasse: 250.000 €		Pflichtteilsrecht (bei Zugewinngemeinschaft mit Testament/ Erbvertrag) Verteilungsmasse: 250.000 €	
	Erbanteil	Erbanteil in Geldwert	Pflichtteilsanteil	Pflichtteil in Geldwert
Ehefrau	½ Anteil	125.000,- €	¼ Anteil	62.500,- €
Tochter	¼ Anteil	62.500,- €	1/8 Anteil	31.250,- €
Sohn	¼ Anteil	62.500,- €	1/8 Anteil	31.250,- €

2. 2. 4 Das gesetzliche Erbrecht

Die Erbfolge und die Anteile ergeben sich bei der gesetzlichen Erbfolge und dem Güterstand „Zugewinngemeinschaft[21]" wie folgt: Die Ehefrau erhält die Hälfte des Nachlasses (125.000,- Euro), die Tochter und der Sohn erhalten jeweils ein Viertel des Nachlasses (je 62.500,- Euro). Für die Erben heißt es also, jeder der Erben ist Miterbe[22] des gesamten Vermögens des Verstorbenen. Dem Miterben steht ein ideeller Anteil[23], entsprechend der Quote am Gesamtnach-

21 §§ 1363 i.V.m. § 1371 BGB Zugewinngemeinschaft und Ausgleich des Zugewinns im Todesfall

22 § 1922 Abs. 2 BGB Miterbe bezeichnet den Anteil, den ein Erbe am gesamten Nachlassvermögen hält.

23 Mit der Bezeichnung **„ideeller" Anteil** wird ausgedrückt, dass einem einzelnen Miterben an und für sich kein realer Teil gehört. Wenn etwa drei Erben je zu 1/3

lass und an den einzelnen Nachlassgegenständen zu. Diese Konstellation bedeutet weiterhin, dass ein Miterbe einen Nachlassgegenstand nicht allein verkaufen[24] kann, denn jeder Miterbe hält einen ideellen Anteil an jedem Nachlassgegenstand[25]. Dieser Umstand ist der Systematik der Nachlassregelung in Deutschland geschuldet. Hat ein Verstorbener (juristisch Erblasser genannt) mehr als einen Erben hinterlassen, dann bildet diese Anzahl der Erben eine Erbengemeinschaft[26].

Für das obige Beispiel bedeutet dies, jedem Miterben steht an dem Nachlass des verstorbenen Vaters, ein ideeller Anteil an den Nachlassgegenständen zu; zum Beispiel am Sparbuch, Girokonto, Pkw, an der Immobilie, einer Briefmarkensammlung, etc.. Bei einer Briefmarkensammlung steht den Erben nicht ein Anteil an der gesamten Briefmarkensammlung zu, sondern an jeder einzelnen Briefmarke der Sammlung. Die Erbengemeinschaft ist eine so genannte Gesamthandsgemeinschaft[27]. Die Führung der Geschäfte steht allen Miterben gemeinschaftlich zu. Möchte ein Miterbe einen Nachlassgegenstand verkaufen[28], dann kann er diesen Verkauf nur mit Zustimmung sämtlicher Miterben durchführen.

Durch die Erbengemeinschaft wird somit der überlebende Ehegatte in seiner Verfügungsmacht über das frühere Ehegattenvermögen beeinträchtigt. Der überlebende Ehegatte muss mit den Kindern (Miterben) immer zu einer einvernehmlichen Lösung gelangen. Aus der täglichen Arbeit im Amtsgericht ist bekannt, dass diese

Miterben an einem Nachlass beteiligt sind, gehört nicht etwa einem Miterben das rechte Drittel des Nachlasses, dem zweiten das mittlere Drittel, dem dritten das linke Drittel; allen drei Miterben gehört der Nachlass gemeinsam.

24 Juristisch „veräußern“

25 § 2033 Abs. 2 BGB Verfügungsrecht des Miterben

26 § 2032 BGB Erbengemeinschaft, hat der Erblasser mehrere Erben hinterlassen, so wird der Nachlass gemeinschaftliches Vermögen aller Erben

27 Die Beteiligten an einer Gesamthandsgemeinschaft können nur gemeinsam über Gegenstände verfügen. Das BGB kennt drei Gesamthandsgemeinschaften, Gemeinschaft bürgerlichen Rechts, § 705 BGB, die Gütergemeinschaft, § 1415 BGB, die Erbengemeinschaft, § 2032 BGB.

28 Juristisch „veräußern“

einvernehmlichen Lösungen häufig nicht erreicht werden. Streit ist somit unter den Miterben vorprogrammiert. Aus diesem Grund wählen viele Eltern die Möglichkeit eines Testamentes.

2. 2. 5 Die testamentarische Erbfolge

Zur Erläuterung der testamentarischen Erbfolge wird von folgendem Beispieltestament ausgegangen:

Beispiel 2

„Testament
Hiermit setzen wir, die Eheleute A und B, uns gegenseitig zu Alleinerben ein.

Ort, Datum
Unterschrift Herr A *Unterschrift Frau B"*

Bei diesem Testament handelt es sich um ein gemeinschaftliches Ehegattentestament, in dem sich die Eheleute gegenseitig zu Alleinerben einsetzen. Mit dem obigen Testament ist die Ehefrau zur Alleinerbin nach ihrem Mann berufen worden. Sie erhält aufgrund der Alleinerbschaft das gesamte vorherige Ehegattenvermögen (250.000,- Euro als Nachlassmasse und 250.000,- Euro aufgrund der Teilung nach dem Tod des Mannes – siehe Beispiel 1 –) zu ihrer alleinigen Verfügung. Im übertragenen Sinne kann die Ehefrau mit den vorhandenen 500.000,- Euro Vermögen „tun und lassen", was sie für richtig hält. Durch diese Formulierung des Testamentes haben die Ehegatten ihre Kinder von der Erbfolge nach dem erstversterbenden Ehegatten ausgeschlossen. Dieser Ausschluss ist juristisch gesehen eine Enterbung der Kinder. Aufgrund dieser Enterbung kann – siehe Beispiel 1 – der Sohn, wie auch die Tochter den Pflichtteil gegen den überlebenden Elternteil geltend machen.

2. 2. 6 Definition des Pflichtteilsrechts

Das Pflichtteilsrecht hat der Gesetzgeber in § 2303 BGB wie folgt definiert: „Ist ein Abkömmling des Erblassers (hier der Sohn) durch Verfügung von Todes wegen (hier das handschriftliche Testament) von der Erbfolge ausgeschlossen (Alleinerbe ist der überlebende Ehegatte), so kann er von dem Erben (überlebender Ehegatte) den Pflichtteil verlangen".

2.2.6.1 Höhe des Pflichtteils

Der Pflichtteil besteht in der Hälfte des Wertes des gesetzlichen Erbteils (siehe Beispiel 1).
Der Sohn wäre nach der gesetzlichen Erbfolge zu ¼ zum Miterben berufen, somit ergibt sich für ihn ein Pflichtteilsrecht in Höhe von 1/8 Anteil des Nachlasses. Der Gesetzgeber spricht von der „Hälfte des Wertes" des gesetzlichen Erbteils. Für den Sohn besteht somit ein Wertersatzanspruch, der sich als Barwert ausdrückt. Das bedeutet, der Sohn erhält den Pflichtanteil als Geldwert ausgezahlt. Hier kann der Sohn keine Sachwerte, wie z.B. den Pkw des Vaters fordern. Um Streitigkeiten zwischen dem Erben und dem Pflichtteilsberechtigten aus dem Wege zu gehen, hat der Gesetzgeber das Pflichtteilsrecht als *reines Geldrecht* ausgestaltet. Die Alleinerbin/ Ehefrau muss dem Sohn den Pflichtteil in Höhe von 31.250,- Euro (siehe Beispiel 1) auszahlen, wenn dieser ihn fordert.

2.2.6.2 Frist zur Geltendmachung des Pflichtteils

Der Sohn muss das Pflichtteilsrecht gegenüber dem testamentarischen Erben innerhalb einer Frist von drei Jahren geltend machen. Die dreijährige Frist beginnt für den Sohn mit der Kenntnis

- vom Tod des Vaters
- und der schriftlichen Mitteilung von der Nichtberufung zum Erben[29].

Die Kenntnis von der Nichtberufung des Sohnes erhält dieser durch die Mitteilung des zuständigen Nachlassgerichts. Dieses befindet sich immer in einem Amtsgericht[30].
Wie erhält nun das Amtsgericht Kenntnis vom Tod des Mannes und vom Bestand eines wirksamen handschriftlichen Testaments? Nach dem Gesetz ist jeder, der ein Testament auffindet, verpflichtet dieses beim Amtsgericht, nach dem Tod des Testators[31], abzugeben[32]. Durch das zuständige Nachlassgericht[33] wird das Testament eröffnet. Die Eröffnung ist ein formaler Akt des Gerichts, mit dem Fristen in Lauf gesetzt werden[34]. Das zuständige Nachlassgericht übersendet dem Sohn eine beglaubigte Abschrift des Testaments mit dem – durch das Nachlassgericht erstellten - Eröffnungsprotokoll[35]. Mit dem Zeitpunkt, in dem der Sohn das Testament in den Händen hält, beginnt für ihn die Frist von drei Jahren. Lässt der Sohn die Frist verstreichen, so hat er keinen Anspruch mehr auf den Pflichtteil.

29 §§ 2332, 195 BGB Verjährung des Pflichtteilsanspruchs

30 § 23a Abs. 2 Nr.2 GVG sachliche Zuständigkeit (hier ist sachlich das Amtsgericht zuständig)

31 Testator = sind der oder die Verfasser des Testaments

32 § 2259 BGB Ablieferungspflicht von Testamenten

33 § 343 FamFG örtliche Zuständigkeit (die örtliche Zuständigkeit richtet sich nach dem letzten gewöhnlichen Aufenthalt des Erblassers zur Zeit des Erbfalls (Todes)

34 § 348 FamFG Eröffnung von Verfügungen von Todes wegen durch das Nachlassgericht

35 § 348 Abs. 1 S. 1 FamFG über die Eröffnung von Verfügungen von Todes wegen ist eine Niederschrift aufzunehmen

2. 3 Entziehung des gesamten Erbrechts durch die Eltern [36]

Warum der komplexe Ausflug in das Nachlassrecht? Mit den Ausführungen zum Nachlassrecht sind die rechtlichen, dem Sohn durch das Bürgerliche Gesetzbuch (BGB) zustehenden Rechte erläutert worden. Auf diese Rechte soll der Sohn der Mustermanns verzichten. Die Eltern Mustermann können dem Sohn diese Rechte grundsätzlich nicht nehmen, es sei denn, der Sohn hätte den Eltern nach dem Leben getrachtet[37] (versuchter Mord) oder er ist durch ein Gericht zu einer Freiheitsstrafe von mindestens einem Jahr ohne Bewährung verurteilt worden[38]. Weitere Möglichkeiten des Entzugs des Pflichtteils sieht das BGB nicht vor.
Zu beachten ist, dass sich die Pflichtteilsentziehungsgründe aus dem Testament ergeben müssen. Möchten die Eltern Mustermann einem Kind den Pflichtteil entziehen, so müssen sie den Entziehungsgrund im Testament angegeben, z.B.

„…unser Sohn ist am 10.10.20_ vom Amtsgericht Musterbüren zu einer Freiheitsstrafe von einem Jahr und zwei Monaten ohne Bewährung, wegen des gewerbsmäßigen Handelns mit Drogen, verurteilt worden…“

2. 4 Fazit

Nach dem das gesetzliche Erbrecht und das Pflichtteilsrecht erläutert wurden, bleibt festzustellen, dass der Sohn der Mustermanns in dem Erb- und Pflichtteilsverzichtsvertrag[39] auf seinen gesetzlichen

36 § 2333 BGB Entziehung des Pflichtteils eines Abkömmlings

37 § 2333 Absatz 1 Nr. 1 BGB

38 § 2333 Absatz 1 Nr. 4 BGB

39 Wichtig: Verzicht nur auf das gesetzliche Erbrecht und auf das Pflichtteilsrecht, bitte nie einen Verzicht auf das gesamte Erbrecht vereinbaren, weitere Erläuterungen siehe unten.

Erbanteil in Höhe von 62.500,- Euro (1/4 Erbteil) oder auf den Pflichtteil in Höhe von 31.250,- Euro (Hälfte des gesetzlichen Anteils) verzichten soll. Im Gegenzug würden die Eheleute Mustermann dem Sohn einen noch in der Höhe zu bestimmenden Abfindungsbetrag auszahlen.

2. 5 Rechtlicher Sinn des Verzichtsvertrags

Warum sollen die Mustermanns ihren Sohn zu diesem Verzichtsvertrag bewegen? Mit dem Vertrag stellen die Mustermanns alle Beteiligten an der eigentlichen Hausübertragung auf rechtlich gefestigte Fundamente. Die Eltern wissen nach Abschluss des Vertrages, dass der Sohn nach dem Tode eines jeden Elternteils keine Ansprüche mehr stellen kann. Der Sohn weiß, dass er zu Lebzeiten der Eltern, bereits vollends vom elterlichen Vermögen abgefunden wurde. Weitere Ansprüche kann der Sohn nach dem Tod eines jeden Elternteils nicht mehr durchsetzen, insbesondere steht dem Sohn auch nicht mehr das Recht auf Ergänzung des Pflichtteils wegen einer Schenkung[40] zu. Die Tochter weiß, dass das Haus nach der Ausführung des Übertragungsvertrages ihr Eigentum ist und ihr Bruder keine Ansprüche mehr stellen kann.

2. 6 Der Pflichtteilsergänzungsanspruch

Der Gesetzgeber gibt den Pflichtteilsberechtigten (hier der Sohn) die Möglichkeit, Gegenstände (hier das Hausgrundstück), die der

40 § 2325 BGB Pflichtteilsergänzungsanspruch bei Schenkungen, wenn nicht zwischen der Schenkung und dem Tod des Schenkers ein Zeitraum von 10 Jahren liegt.

Erblasser[41] zu Lebzeiten verschenkt hat, dem Werte nach (Verkehrswert des Grundstücks) dem Nachlass (Vermögen, welches nach dem Tod des Erblassers noch vorhanden ist) wieder hinzuzurechnen.
Voraussetzung ist, die Schenkung[42] darf nicht länger als 10 Jahre zurückliegen.
Darüber hinaus regelt das Gesetz, dass für jedes Jahr, nach dem die Schenkung vollzogen/durchgeführt wurde, ein Zehntel vom Wert des geschenkten Gegenstandes abgezogen wird[43].
Diese Regel des Gesetzgebers ist so komplex, dass sie im Folgenden anhand von Beispielen verdeutlicht werden soll.

Hinweis:
Bitte beachten Sie, dass diese Regel nur Anwendung findet, wenn ein Gegenstand

verschenkt

wird!

Bei einem Verkauf des Gegenstandes kommt der Pflichtteilsergänzungsanspruch nicht zur Anwendung (keine Schenkung, sondern Verkauf[44]).

Wie kann sich ein Pflichtteilsergänzungsanspruch auswirken?
Die Auswirkungen eines Pflichtteilsergänzungsanspruches sollen anhand des nachfolgenden Beispiels verdeutlicht werden.

Beispiel 3
Die Mustermanns haben ihr Eigenheim im Wert von 380.000,- Euro vor einem Jahr auf die Tochter übertragen (Schenkung). Die Eltern

41 Erblasser = der Verstorbene

42 Die Übertragung des Hausgrundstücks auf die Tochter ist eine besondere Art der Schenkung

43 § 2325 BGB Pflichtteilsergänzungsanspruch bei Schenkungen

44 Schenkung bedeutet, es wird ein Gegenstand ohne eine Gegenleistung an einen Dritten übertragen (Eltern schenken dem Sohn einen PKW)

waren im Grundbuch zu je ½ Anteil als Eigentümer eingetragen. Mit dem Sohn haben die Eltern keinen Erb- und Pflichtteilsverzichtsvertrag geschlossen. Der Vater ist letzten Monat verstorben. Das derzeitige Ehegattenvermögen beläuft sich ohne Berücksichtigung der Immobilie auf ca. 120.000,- Euro. Als Nachlassmasse stehen somit 60.000,- Euro zur Verfügung. Die Eltern haben ein gemeinschaftliches privatschriftliches Testament errichtet, in dem sie sich gegenseitig zu Alleinerben eingesetzt haben. Der Sohn macht sein Pflichtteilsrecht und darüberhinaus einen Pflichtteilsergänzungsanspruch geltend.

2. 6. 1 Berechnung der Pflichtteile mit und ohne Ergänzungsanspruch

2.6.1.1 Berechnung des Pflichtteils ohne Ergänzungsanspruch

Berechnung A

Verteilungsmasse: 60.000,- Euro

Erben	**gesetzliches Erbrecht** (bei Zugewinngemeinschaft ohne Testament/ Erbvertrag) Verteilungsmasse: 60.000 €		**Pflichtteilsrecht** (bei Zugewinngemeinschaft mit Testament/ Erbvertrag) Verteilungsmasse: 60.000 €	
	Erbanteil	Erbanteil in Geldwert	Pflichtteilanteil	Pflichtteil in Geldwert
Sohn	¼ Anteil	15.000,- €	1/8 Anteil	**7.500,- €**

Der Sohn erhält ein Pflichtteil in Höhe von 7.500,- Euro ausgezahlt, da er in diesem Fall keinen Pflichtteilsergänzungsanspruch gefordert hat.

2.6.1.2 Berechnung des Nachlasswertes zur Bemessung des Pflichtteilsergänzungsanspruchs

Der Gesetzgeber schützt die Pflichtteilsberechtigten im § 2325 BGB vor der Aushöhlung des Nachlasses. Mit dieser Norm wird sichergestellt, dass ein Pflichtteilsrecht, bei Werthaltigkeit des Nachlasses, nicht 0,- Euro betragen kann. Der Gesetzgeber hat festgelegt, dass Schenkungen des Erblassers (hier der Vater), die innerhalb eines Zeitraumes von 10 Jahren (Zeitraum zwischen Schenkung und Tod des Erblassers) durchgeführt wurden (hier die Immobilie) zur Erhöhung des Pflichtteils führen. Durch diesen Anspruch wird der Pflichtteilsberechtigte so gestellt, als ob die Schenkung nicht erfolgt wäre und damit das Vermögen des Erblassers durch die Schenkung nicht verringert worden wäre. Die Schenkung wird in voller Höhe berücksichtigt. Sind seit der Schenkung allerdings 10 Jahre verstrichen, bleibt die Schenkung unberücksichtigt. Dies gilt auch, wenn der Erblasser nur einen Tag nach Ablauf der Frist verstirbt.
Im obigen Beispiel ist die Immobilie vor einem Jahr auf die Tochter übertragen worden. Hier liegt somit im Rahmen der gesetzlichen Regelung eine Schenkung vor, die einen Pflichtteilsergänzungsanspruch auslöst. Die Eltern waren vor der Hausübertragung im Grundbuch zu je ½ Eigentumsanteil im Grundbuch als Eigentümer eingetragen, so dass jeweils die Hälfte des Immobilienvermögens (190.000,- Euro) jedem Elternteil zugeordnet werden kann. Aufgrund dieser Konstellation wird der erhöhte Pflichtteilsbetrag errechnet.

	Nachlasswert ohne Pflichtteilsergänzungsanspruch (bei Zugewinngemeinschaft ohne Testament/ Erbvertrag)	Nachlasswert mit Pflichtteilsergänzungsanspruch (bei Zugewinngemeinschaft mit Testament/ Erbvertrag)
Barvermögen	60.000,- €	60.000,- €
Immobilien vermögen	0,- €	190.000,- €
Summe des Nachlass zur Berechnung des Pflichtteils	60.000,- €	250.000,- €

Gegenüberstellung der Werte zur Berechnung der Pflichtteilsbeträge mit und ohne Ergänzungsanspruch stellen sich wie folgt dar:

2.6.1.3 Berechnung des Pflichtteils mit Pflichtteilsergänzungsanspruch

Berechnung B

Erhöhter Nachlasswert: 250.000,- Euro

Erben	**gesetzliches Erbrecht** (bei Zugewinngemeinschaft ohne Testament/ Erbvertrag) Verteilungsmasse: 250.000 €		**Pflichtteilsrecht mit Ergänzungsanspruch** (bei Zugewinngemeinschaft mit Testament/ Erbvertrag) Verteilungsmasse: 250.000 €	
	Erbanteil	Erbanteil in Geldwert	Pflichtteilanteil	Pflichtteil in Geldwert
Sohn	¼ Anteil	62.500,- €	1/8 Anteil	31.250,- €

Das Beispiel zeigt, dass die Ehefrau als Alleinerbin von ihrem ererbten Vermögen (250.000,- Euro) dem Sohn einen um 23.750,- Euro erhöhten Pflichtteil auszahlen muss[45]. Mit anderen Worten, der Ehefrau verbleiben von dem gesamten Ehegattenvermögen in Höhe von 120.000,- Euro nach Auszahlung des Pflichtteils an den Sohn noch 88.750,- Euro.

45 Erhöhter Pflichtteil (31.750,- €) ./. Pflichtteil (7.500,- €) = Pflichtteilserhöhung (23.750,- €)

2.6.1.4 Berechnung des Vermögens der Ehefrau nach Auszahlung des erhöhten Pflichtteils an den Sohn

	Sohn	Ehefrau
Ehegattenvermögen vor dem Tod des Vaters	120.000,- Euro	
Nachlasswert nach dem Vater (1/2 des Ehegattenvermögens)	60.000,- Euro (Verteilungsmasse)	
Abzüglich des einfachen Pflichtteils für den Sohn (siehe Seite 34)	- 7.500,- Euro	
Abzüglich des um den Ergänzungsbetrag erhöhten Pflichtteils für den Sohn(s. o.)	- 23.750,- Euro	
Summe des Pflichtteils des Sohnes	- 31.250,- Euro	- 31.250,- Euro
Rest der Alleinerbschaft der Ehefrau		28.750,- Euro
Plus Eigenanteil am Ehegattenvermögen		60.000,- Euro
Vermögen der Ehefrau nach Auszahlung der erhöhten Pflichtteils		88.750,- Euro

2.6.1.5 Gleitende Ausschlussfrist für den Pflichtteilsergänzungsanspruch

Zur Abfederung der Auszahlung des erhöhten Pflichtteilsbetrages hat der Gesetzgeber im Jahr 2009 eine „Gleitende Ausschlussfrist für den Pflichtteilsergänzungsanspruch" eingeführt. Diese Ausschlussfrist berücksichtigt Schenkungen für die Berechnung des Ergänzungsanspruchs graduell geringer, je länger sie zurückliegen. Eine Schenkung im ersten Jahr vor dem Erbfall wird demnach voll in die Berechnung einbezogen, im zweiten Jahr noch zu 9/10, im dritten Jahr zu 8/10 usw. berücksichtigt. Für das Beispiel würden sich folgende Ergänzungsbeträge ergeben:
Gleitender Ausschluss bei einem Immobilienvermögen von 190.000,- Euro

Jahr der Schenkung vor dem Erbfall	Berücksichtigungsfähiger Betrag für die Berechnung des erhöhten Pflichtteilsergänzungsanspruch
10. Jahr	190.000,- Euro
9. Jahr	171.000,- Euro
8. Jahr	152.000,- Euro
7. Jahr	133.000,- Euro
6. Jahr	114.000,- Euro
5. Jahr	95.000,- Euro
4. Jahr	76.000,- Euro
3. Jahr	57.000,- Euro
2. Jahr	38.000,- Euro
1. Jahr	19.000,- Euro
0 Nach dem 10 Jahr	0,- Euro

2.6.1.6 Fazit zum Pflichtteilsergänzungsanspruch

Diese gesamten Problematiken der Auszahlungen von Pflichtteilsbeträgen und Pflichtteilsergänzungsbeträgen, die durch die verschiedenen oben angeführten Beispiele erläutert wurden, können die Eheleute Mustermann durch einen mit dem Sohn vereinbarten Erb- und Pflichtteilsverzichtsvertrag verhindern.

2. 7 Zwischenergebnis zum Erb- und Pflichtteilsverzichtsvertrag

Bis hierher wurde die rechtliche Seite eines Erb- und Pflichtteilsverzichtsvertrags für den Sohn und die Eltern Mustermann erläutert. Sinn und Zweck dieses Verzichtsvertrages ist es, eine Sicherheit für die Eltern und gegebenenfalls auch für die Tochter zu erzielen. Mit diesem Vertrag erreichen die Mustermanns, dass der Sohn, im Falle des Todes eines Elternteils, keine Ansprüche mehr an den überlebenden Elternteil richten kann. Dem Sohn stehen mit Abschluss des Vertrages keine rechtlichen Mittel mehr zur Verfügung, die es ihm ermöglichen, Forderungen gegen die Eltern und eventuell auch gegen die Tochter (im Falle des Todes beider Elternteile) durchzusetzen[46]. Der Sohn wird mit dem Vertrag gänzlich von der gesetzlichen Erbfolge ausgeschlossen. Das bedeutet auch, dass vorhandene oder zukünftige Kinder des Sohnes ebenfalls keine Ansprüche mehr aus dem gesetzlichen Erbrecht heraus gegen die Eheleute Mustermann geltend machen können[47]. Des Weiteren können der Sohn, wie auch seine Kinder, kein Pflichtteilsrecht mehr gegenüber den Eltern Mustermann ausüben[48]. Der Sohn verzichtet in dem

46 Wirkung des Erbverzichts des Sohnes § 2346 BGB

47 Verzicht auf das gesetzliche Erbrecht für den gesamten Stamm des Sohnes § 2349 BGB

48 Verzicht auf das Pflichtteilsrecht für den gesamten Stamm des Sohnes § 2346 Abs. 1 i.V.m. § 2349 BGB

abgeschlossenen Vertrag auf seine, ihm durch den Gesetzgeber, zugewiesenen Rechte.
Wie kann der Sohn der Mustermanns dazu bewegt werden, in einen so weitreichenden Verzicht einzuwilligen?

3. Berechnung der Abfindungssumme für den Sohn der Mustermanns als Gegenwert für den Abschluss eines Erb- und Pflichtteilsverzichtsvertrag

Bis vor ca. 30 Jahren haben die Notare dem Sohn als Abfindung einen Betrag in Höhe von 10 Prozent des Immobilienwertes zugebilligt. Von dieser Auffassung sind die Notare abgewichen. Sie raten zu einem Betrag, der das Doppelte des errechneten Pflichtteils ausmacht.
Zur Berechnung des Abfindungsanspruchs für den Sohn der Mustermanns wird von einem Zeitwert/Verkehrswert[49],[50] der Immobilie in Höhe von 380.000,- Euro ausgegangen. Von wem bekommen die Mustermanns den Wert der Immobilie mitgeteilt? Muss ein Gutachter eingeschaltet werden? Ein Gutachter muss nicht beauftragt werden, der Verkehrswert der Immobilie wird lediglich zur einfacheren Bewertung des Gesamtvermögens benötigt. Die Immobilienabteilung der jeweiligen Hausbank kann bei der Beantwortung der Frage behilflich sein. Dem Immobilienmakler der Hausbank werden die Informationen über das Errichtungsjahr, die Ausstattung und die Lage der Immobilie mitgeteilt. Der Makler kann mit diesen Angaben den Verkehrswert der Immobilie überschlägig berechnen. Für

49 Definition von Verkehrswert gemäß § 46 Gerichts- und Notarkostengesetz (GNotKG) „...Der Wert einer Sache wird durch den Preis bestimmt, der im gewöhnlichen Geschäftsverkehr nach der Beschaffenheit der Sache unter Berücksichtigung aller den Preis beeinflussenden Umstände bei einer Veräußerung zu erzielen wäre (Verkehrswert) ...“

50 §§ 1, 2, 9 Bewertungsgesetz

diese Auskunft wird erfahrungsgemäß eine geringe, bisweilen keine Gebühr erhoben. Zurück zur Berechnung des Abfindungsbetrags. Die Möglichkeiten zur Bestimmung des Abfindungsbetrags ergeben sich aus der nachfolgenden Aufstellung:

	Abfindungsbetrag 10 % des Verkehrswertes der Immobilie (380.000,- Euro)	Abfindungsbetrag doppeltes Pflichtteilsrecht (250.000,- Euro; siehe Beispiel 1auf Seite 26)
Abfindungsbetrag	38.000,- Euro	62.500,- Euro

Durch die beiden Berechnungsmethoden wurde eine Bandbreite erstellt, in der sich der Abfindungsbetrag für den Sohn der Mustermanns bewegen sollte. An dieser Stelle sei erwähnt, dass die angegebenen Werte lediglich als Vorschlag zu sehen sind. Wenn die Eheleute Mustermann möchten, dann können sie dem Sohn selbstverständlich einen höheren Abfindungsbetrag anbieten. Die angegebenen Beträge sollen als Richtschnur dienen. Aus der gerichtlichen Praxis ist bekannt, dass sich die Abfindungsbeträge derzeit im Bereich zwischen 38.000,- und 62.500,- Euro – bei entsprechendem Immobilienvermögen - bewegen. An dieser Stelle werden sich die Eheleute Mustermann die Frage stellen: Fällt der angebotene Betrag nicht viel zu gering für den Sohn aus? Wird der Sohn auf sein gesetzliches Erbrecht und auf sein Pflichtteilsrecht verzichten? Die Tochter bekommt eine Immobilie im Wert von 380.000,- Euro übertragen und der Sohn bekommt eine Abfindung von 62.500,- Euro[51]. Zwischen den beiden Vermögensgegenständen liegt ein Differenzbetrag in Höhe von 317.500,- Euro, der auf den ersten

51 Für die Beispielfamilie Mustermann wird davon ausgegangen, dass die Eltern dem Sohn eine Abfindungssumme vom 62.500,- Euro anbieten wollen.

Blick nicht gerecht erscheint, insbesondere dann nicht, wenn Mustermanns beide Kinder gleichermaßen gut behandeln möchten. An dieser Stelle sollen den Eheleuten Mustermann Argumente an die Hand gegeben werden, mit denen der Sohn überzeugt werden kann, den Abfindungsbetrag als reizvoll anzunehmen.

3. 1 Argumente für die Höhe des Abfindungsbetrages

3. 1. 1 Argument: Lebenszeit der Eltern

Mustermanns haben die Immobilie auf die Tochter übertragen. Die Eheleute bewohnen mit der Tochter zusammen die Immobilie. Herr und Frau Mustermann haben gerade das 60. Lebensjahr vollendet und hoffen, dass sie noch mindestens weitere 20 Jahre leben. Diese Zielsetzung bedeutet auch, dass die Tochter die Immobilie für die nächsten 20 Jahre nur zur Hälfte nutzen kann, denn die Eltern Mustermann nutzen die andere Hälfte der Immobilie. Die Tochter ist zwar im Grundbuch als Alleineigentümerin eingetragen worden, aber effektiv kann Sie nur 50 Prozent des Immobilienvermögens nutzen. Rechnerisch bedeutet dies, dass die Tochter für die nächsten 20 Jahre nur 190.000,- Euro[52] des Immobilienwertes nutzen kann. Erst nach dem Tod beider Elternteile kann die Tochter die gesamte Immobilie nutzen. Die Differenz zwischen dem Abfindungsbetrag (62.500,- Euro) und dem übertragenen Immobilienvermögen ist um 190.000,- Euro, für die nächsten 20 Jahre, gesunken.

52 Angenommener Immobilienwert 380.000,- Euro

3. 1. 2 Argument: Wann hat der Sohn Anrecht auf das gesetzliche Erbrecht oder auf das Pflichtteilsrecht?

Der Sohn kann das gesetzliche Erbrecht oder das Pflichtteilsrecht erst nach dem Tode eines jeden Elternteils geltend machen. Da Mustermanns sich vorgenommen haben noch mindesten 20 Jahren zu leben, hätte der Sohn erst in 20 Jahren ein Anrecht auf das gesetzliche Erbrecht oder auf das Pflichtteilsrecht. Mit anderen Worten, Mustermanns zahlen dem Sohn bereits jetzt einen Betrag in Höhe von 62.500,- Euro aus, der dem Sohn eigentlich erst in 20 Jahren zusteht. Würden Mustermanns den Betrag über den Zeitraum festverzinslich zu einem Zinssatz von z.B. 3% anlegen, dann wäre der Auszahlungsbetrag nach 20 Jahren inklusive Zins und Zinseszins auf eine Summe von 122.881,95[53] Euro angestiegen. Mit anderen Worten, der Sohn bekommt jetzt (bei Vertragsabschluss) einen Betrag ausgezahlt, mit dem er bereits finanziell wirtschaften kann. Bei einer Festgeldanlage des Abfindungsanspruchs über 20 Jahre könnte der Sohn ca. 50.381,- Euro Zinsen erwirtschaften.
Bei der Anlage des Betrages in Höhe von 62.500,- Euro in einem ETF – Fonds könnten weitaus höhere Renditen realisiert werden.

3. 1. 3 Argument: Nutzung des Abfindungsbetrages zur Finanzierung eines Eigenheims für den Sohn.

Der Sohn möchte selbst ein Eigenheim bauen. Für dieses Eigenheim steht ihm nicht genügend Barvermögen zur Verfügung, so dass er seine Immobilie mit Darlehen finanzieren muss. Hier könnte ihm der Abfindungsbetrag gerade recht kommen, denn er müsste einen Betrag von 62.500,- Euro nicht über eine Bank finanzieren.

---

53 www.zinsen-kreditrechner.de

Bei einem Kreditzinssatz von 3,2 % pro Jahr und einer anfänglichen Tilgung von 2 % der Darlehnssumme mit einer Laufzeit von 30 Jahren müsste der Sohn einen Aufwand von Zins und Tilgung in Höhe von 97.173,52[54] Euro zahlen. Hier hat der Sohn Mustermann einen entgelten Vorteil (Zinsersparnis) von ca. 34.673,- Euro.

3. 1. 4 Argument: Pflegefall eines Elternteils

Keiner weiß, wie es in der Zukunft um seine Gesundheit bestellt ist. Jeder hofft, dass er auch im Alter noch gesund bleibt. Die Realität sieht häufig anders aus. Es ist nicht auszuschließen, dass ein Elternteil schwer erkrankt und in einem Pflegeheim untergebracht werden muss. Bei der Unterbringung in einem Pflegeheim und einer Einstufung in den Pflegegrad 3 klafft zwischen dem Beitrag der Pflegeversicherung und dem einzusetzenden Einkommen häufig eine Finanzlücke von bis zu 1.800,- Euro pro Monat, Tendenz steigend. Diese Lücke muss durch das Vermögen der Zupflegenden gedeckt werden. Im Umkehrschluss bedeutet diese Tatsache, dass das Vermögen der Eltern sehr schnell für die Pflege im Pflegeheim aufgebraucht ist. Im Fall des Versterbens des Pflegebedürftigen ist kein Vermögen mehr vorhanden und der zu beziffernde Nachlass würde sich ebenfalls um 0,- Euro bewegen. Das bedeutet für den Sohn der Mustermanns, dass er besser jetzt

„den Spatz in die Hand nehmen kann,
wie der Taube auf dem Dach nachzuschauen."

Alle hoffen, dass sie dem gerade beschriebenen Szenario entgehen können, leider ist keiner davor gefeit. Der Sohn kann besser jetzt den Abfindungsbetrag annehmen, als beim Erbfall – aufgrund des beschriebenen Einsatzes des Vermögens der Eltern für die Pflege

54 www.zinsen-kreditrechner.de

– leer auszugehen. Auf die Problematik der Pflegebedürftigkeit wird im V. Kapitel des Buches noch vertiefend eingegangen.

3. 1. 5 Argument: Finanzierung der Wohnung der Eltern im übertragenen Haus

Auf Seiten der Tochter Mustermann steht eine Immobilie im Wert von 380.000,- Euro, die sie von den Eltern Mustermann übertragen bekommen hat. Effektiv kann die Tochter nur einen Wohnanteil vom 190.000,- Euro nutzen. Ein Einfamilienhaus ist in der Regel nicht so konzipiert, dass in dieser Immobilie zwei Familien leben können. Die Tochter ist mithin gezwungen, die Immobilie zu erweitern. Dazu nimmt sie ein Darlehen bei der Hausbank auf. Das Darlehen wird im Grundbuch mit einer so genannten Grundschuld abgesichert[55]. Des Weiteren müssen häufig an den übertragenen Eigenheimen noch Sanierungsarbeiten an den Sanitäranlagen, dem Dach, den Fenstern, etc. durchgeführt werden. Insbesondere müssen durch die Tochter erhebliche Summen für die erneuerbaren Energien (klimaneutrale Heizungsanlage sowie einer Photovoltaikanlage) aufgebracht werden. Aus all diesen Modernisierungen ziehen die Eltern ebenfalls ihren Nutzen, denn auch sie können sich an den Erneuerungen im Eigenheim erfreuen und diese mitbenutzen. Finanziert werden diese Erneuerungen von der Tochter. Mit anderen Worten, die Tochter investiert in einen Teil der Immobilie, den die Eltern noch mindestens 20 Jahre nutzen wollen. Mustermanns

55 § 1191 Abs. 1 BGB ein Grundstück kann in der Weise belastet werden, das an denjenigen, zu dessen Gunsten eine Belastung erfolgt (hier die Hausbank), eine bestimmte Geldsumme aus dem Grundstück zu zahlen ist (Grundschuld). Ist im Gesetz ein Wort in Klammern gesetzt, so handelt es sich um eine Legaldefinition. Das bedeutet, dass in diesem Abschnitt ein bestimmter Rechtsbegriff juristisch definiert wurde. Eine Grundschuld stellt somit ein Pfandrecht für die Hausbank an der Immobilie dar. Aus dieser Grundschuld könnte die Bank – bei Nichtzahlung der Darlehensraten – die Zwangsversteigerung durchführen.

als Hausübergeber zahlen für diese Renovierungen keinen Beitrag[56], weil sie die Immobilie an ihre Tochter übergeben haben und diese nun die Eigentümerin ist. Die Tochter finanziert also auch den gestiegenen Wohnkomfort der elterlichen Wohnung. Mustermanns nutzen den gestiegenen angenehmen Wohnkomfort, müssen aber für die Komfortsteigerung kein Entgelt (Mietzahlung) zahlen. Der geldwerte Vorteil für die Eltern würde sich bei einer angenommenen monatlichen Komfortsteigerung von 400,- Euro, und einer angestrebten weiteren Lebenszeit von 20 Jahren, auf einem Betrag in Höhe von 96.000,- Euro (12 Monate x 400,- Euro x 20 Jahren) summieren. Wenn die Mustermanns den Wert der übertragenen Immobilie und die Höhe des Abfindungsbetrags gegenüberstellen, dann stellen sie fest, dass die Differenz zwischen den beiden Beträgen gar nicht mehr soweit auseinander klafft, wie erst angenommen wurde. Die beiden weiteren Argumente tendieren mehr in die emotionale Ebene „Eltern – Tochter – Beziehung“.

3. 1. 6 Argument: Unterstützung der Eltern im Alter

Die Eheleute Mustermann erhoffen sich von der Tochter und dem Schwiegersohn im Alter auch kleine Hilfeleistungen, wie das Reinigen der Wohnung, Unterstützungen bei Behördengängen, die Verrichtung des wöchentlichen Lebensmitteleinkaufs oder Fahrten zum Hausarzt, zur Apotheke, ins Krankenhaus. Hier gibt es noch viele kleine Dienstleistungen, die die Tochter erledigen kann, wenn die Eltern alt und auf Hilfe angewiesen sind. Eine Aufrechnung erübrigt sich hier, denn diese Leistungen sind schier unbezahlbar. Ein entsprechender Betrag sollte für die erhofften Dienstleistungen als Vergleichswert berücksichtigt werden. Der Sohn kann in

56 Den Mustermanns steht es natürlich frei, sich an den Renovierungskosten zu beteiligen, eine gesetzliche Pflicht besteht hierfür nicht.

den oben beschriebenen Situationen nicht unterstützend eingreifen, er wohnt nicht mehr im elterlichen Haus. Vielleicht ist er in eine andere Stadt gezogen und besucht die Eltern mehr oder weniger regelmäßig zu den Feiertagen und zu den Geburtstagen. Dieses Argument soll verdeutlichen, dass die Tochter immer im Umfeld der Eltern wohnt und mit Hilfe, Rat und Tat zur Seite stehen kann. Aufgrund dieser Nähe kann es auch zu Komplikationen kommen, die im nächsten Argument aufgeführt sind.

3. 1. 7 Argument: Konflikte zwischen den Generationen im täglichen Leben

Die jüngere und die ältere Generation haben nun mal naturgemäß unterschiedliche Ansichten. Für beide Familien bedeutet dies, sich immer wieder aufs Neue zu arrangieren und kompromissbereit zu bleiben. Toleranz und Respekt ist das tägliche Brot der beiden Generationen. Der Sohn ist durch derartige Verpflichtungen und Verhaltensweisen nicht eingeengt, die Tochter mit ihrer Familie schon.

3. 1. 8 Fazit zu den Argumenten

Betrachten die Eheleute Mustermann die aufgeführten Argumente rückblickend und addieren nur anteilmäßig die angeführten Geldbeträge der Argumente auf, so wird ersichtlich, dass der Abfindungsanspruch, den Mustermanns dem Sohn anbieten wollen, gar nicht so realitätsfremd ist. Eine Gleichbehandlung der beiden Kinder wird annähernd erreicht.

3. 2 Wer muss / soll den Abfindungsbetrag für den Sohn zahlen?

Anhand der obigen Argumente ist festzustellen, dass es sinnvoll ist, dem Sohn einen Abfindungsbetrag zu zahlen, und dieser sollte sich hier zwischen 38.000,- und 62.500,- Euro bewegen. Es stellt sich die Frage: „Müssen die Mustermanns den Abfindungsbetrag zahlen oder können sie die Zahlung auch der Tochter auferlegen?" Diese Frage können die Mustermanns nach eigenem Ermessen festlegen. Den obigen Ausführungen ist zu entnehmen, dass der Gesetzgeber keine Regelungen hinsichtlich der Abfindungsbeträge getroffen hat. Mustermanns sind somit in ihrer Entscheidung völlig frei.

3. 2. 1 Möglichkeiten der Finanzierung des Abfindungsbetrages

Den Mustermanns stehen verschiedene Finanzierungsmöglichkeiten zur Verfügung.

1. Möglichkeit
Die Eltern Mustermann können die Tochter verpflichten, dass sie den gesamten Abfindungsbetrag an den Bruder zahlen muss.

2. Möglichkeit
Mustermanns teilen sich den Betrag mit der Tochter, jeder zahlt 31.250,- Euro[57] oder die Eltern vereinbaren mit der Tochter, dass diese 50.000,- zahlt und die Eltern 12.500,- Euro. Wenn die Tochter verpflichtet wird, den gesamten Abfindungsbetrag zu zahlen, dann ist darauf zu achten, dass die Tochter finanziell nicht zu sehr belastet wird, denn sie muss eventuell bereits einen Teil ihres

57 Steuerrechtlich nicht vorteilhaft, da zwischen Geschwistern nur eine Schenkungssteuerfreibetrag von 20.000,- Euro besteht. Die weitere „Schenkung" müsste besteuert werden §§ 15, 16 Erbschaftssteuergesetz

Einkommens für Zins und Tilgung der Kredite einsetzen. Kommt noch eine weitere Belastung durch die Auszahlungsverpflichtung des Abfindungsbetrages hinzu, dann kann es schnell passieren, dass die Tochter die Übernahme der Immobilie ablehnt und den Eltern mitteilt, dass sie für diese Summe (Investitionskredit + Abfindungsbetrag) besser ein neues Eigenheim bauen kann.

3. Möglichkeit

Die Mustermanns vereinbaren mit dem Sohn Zahlungsziele. Sie zahlen dem Sohn bei Abschluss des Erb- und Pflichtteilsverzichtsvertrages einen Teilbetrag in Höhe von 25.000,- Euro, in 5 Jahren nochmals einen Teilbetrag in Höhe von 25.000,- Euro und nach weiteren 5 Jahren den Restbetrag in Höhe von 12.500,- Euro.

4 Möglichkeit

Da der Gesetzgeber keine Regelungen für die Zahlung der Abfindungsbeträge getroffen hat, besteht keine Verpflichtung den Abfindungsbetrag in Bargeld zu zahlen. Mustermanns könnten dem Sohn eine vor längerer Zeit auf dem Namen eines Elternteils abgeschlossene Lebensversicherung, die eventuell in drei Jahren fällig wird, auf den Sohn übertragen. Bei Fälligkeit würde der Versicherungsbetrag an den Sohn ausgezahlt.

5. Möglichkeit

Falls vorhanden, könnten die Mustermanns dem Sohn ein unbebautes Grundstück mit entsprechenden Wert übertragen. Ist das Grundstück, welches der Tochter übertragen werden soll, sehr groß, so besteht die Möglichkeit, eine Teilfläche des Gartenbereichs amtlich vermessen zu lassen. Das Grundstück kann in zwei kleinere Grundstücke geteilt und die unbebaute Teilfläche im Anschluss auf den Sohn übertragen werden, mit dem Ziel, dass dieser auf diesem Grundstücksteil sein Eigenheim errichten kann.

6. Möglichkeit
Die Mustermanns könnten dem Sohn die Übertragung eines angesparten Sparvertrages oder die Übertragung eines entsprechenden Aktienpaketes anbieten.

3. 2. 2 Fazit zur Finanzierung

Es bestehen sehr viele Möglichkeiten und Wege, dem Sohn eine entsprechende Abfindung zukommen zu lassen. Diese Beispiele sollen als Anregung dienen, um aufzuzeigen, wie die Auszahlung des Abfindungsbetrages gestaltet werden kann.

4. Weitere Rechtsfolgen für die Eltern und für den Sohn aus dem abgeschlossenen Erb- und Pflichtteilsverzichtsvertrag

4. 1 Geberposition der Eltern

Die Eltern sind in die Position des „Gebers" gewechselt, das bedeutet, die Eltern können dem Sohn zu Lebzeiten noch Geldgeschenke zu kommen lassen. Eine Verpflichtung besteht jedoch nicht. Sollten die Eltern zufällig im Lotto den Jackpot gewinnen, dann könnten sie dem Sohn sehr wohl noch einen Geldbetrag übertragen.

4. 2 Erbeinsetzung des Sohnes im Testament der Eltern Mustermann

Darüber hinaus können die Eltern den Sohn in einem Testament zusätzlich zum Erben berufen[58]! Hier stellt sich die Frage: „Wie ist das möglich?"

58 Grüneberg (Palandt), Kommentar zum Bürgerlichen Gesetzbuch, 82. Auflage, RdNr. 13 zu § 2346 BGB.

Zur Erläuterung: Der Sohn hat in dem geschlossenen Vertrag auf das gesetzliche Erbrecht und auf das Pflichtteilsrecht verzichtet. Bei diesem Verzicht ist darauf zu achten, dass der Anspruch auf das Pflichtteilsrecht erst geltend gemacht werden kann, wenn *jemand im Testament nicht zum Erbe berufen wurde, der nach der gesetzlichen Erbfolge zum Erbe berufen wäre.* Haben die Eltern den Sohn im Testament zum Erben berufen, dann kann nie das Pflichtteilsrecht zum Zuge kommen. Diese rechtliche Konstellation soll anhand eines Testamentsbeispiels erläutert werden:

Beispiel

Die Eltern Mustermann haben ein Berliner - Testament[59] errichtet, in dem sich die Ehegatten gegenseitig nach dem Tode des Erstversterbenden zum Alleinerben eingesetzt haben (1. Erbeinsetzung). Nach dem Tod des Längstlebenden setzen sie ihren Sohn und ihre Tochter zu gleichen Teilen zu Erben ein (2. Erbeinsetzung).

Nach dem Tod des ersten Elternteils kann der Sohn sein Pflichtteilsrecht nicht geltend machen, da er im Verzichtsvertrag auf dieses Recht verzichtet hat. Nach dem Tod des zweiten Elternteils kann der Sohn ebenfalls sein Pflichtteilsrecht nicht geltend machen, da er nach dem Längstlebenden zum Erben berufen wurde. Die gesetzlichen Voraussetzungen für das Pflichtteilsrecht[60] sind nicht erfüllt.

Tipp zum Erb- und Pflichtteilsvertrag

Bei der Formulierung des Erb- und Pflichtteilsvertrages sollten die Mustermanns darauf achten, dass der Sohn in dem Vertrag nur auf das *gesetzliche* Erbrecht und auf das Pflichtteilsrecht verzichtet. Nur mit dieser Vertragskonstellation steht den Eltern die Möglichkeit zu, ihren Sohn im Testament noch zum Erben zu berufen. Würde

59 In einem Berliner-Testament können Ehegatten beide Erbfolgen (nach dem erstverstorbenen Ehegatten und nach dem längstlebenden Ehegatten) in einem Testament regeln, das sogenanntes Berliner-Testament, § 2269 BGB.

60 § 2303 BGB, das Pflichtteilsrecht

der Sohn hingegen auf das komplette Erbrecht und auf das Pflichtteilsrecht verzichten, dann haben die Eltern keine Möglichkeit mehr, den Sohn zum Erben nach dem längstlebenden Elternteil zu berufen. In der Formulierung „*Verzicht auf das Erbrecht*" sieht der Gesetzgeber den Verzicht auf das gesetzliche wie auch auf das testamentarische Erbrecht. Das heißt für die Rechtssprechung, hat der Sohn auf das gesamte Erbrecht verzichtet, dann ist eine Erbeinsetzung in einem Testament unwirksam![61] Kleine Formulierungsänderungen entfalten eine weitreichende Wirkung. Daher noch einmal

„der Sohn verzichtet auf das gesetzliche Erbrecht
und auf seine Pflichtteilsrechte gegenüber den Eltern"

Tipp für die Eltern: Errichtung eines Testaments

Die soeben besprochene Möglichkeit, den Sohn zum Erben zu berufen, ist nur möglich, wenn die Eltern spätestens jetzt (bei Abschluss des Übertragungsvertrages mit der Tochter) ein Testament errichten. Der Grundsatz der Juristen lautet:

„Verheiratet und ein Kind oder verheiratet und eine Immobilie,
immer ein Testament errichten!!"

An dieser Stelle rate ich ebenfalls zur Errichtung eines Testamentes, denn nur so können die Eltern Mustermann alle oben aufgeführten Möglichkeiten der Erbregelung ausschöpfen.

Hinweis:

Zu den beiden weiteren Güterständen, der Gütergemeinschaft und der Gütertrennung sind die erbrechtlichen Besonderheiten in der Anlage 1 beschrieben

61 Vergleiche Landgericht Coburg, 21 O 295/08; BGH veröffentlicht in der Deutschen Notarzeitung DNotZ 1972, Seite 500

5. Gegenständlich beschränkter Pflichtteilsverzichtsvertrag[62]

Im Anschluss an die obigen Ausführungen wird der vollständigkeitshalber noch eine weitere Möglichkeit vorgestellt, wie die Mustermanns den Abfindungsanspruch mit dem Sohn gestalten können. Es besteht gemäß § 2346 BGB die Möglichkeit, mit dem Sohn einen Verzichtvertrag zu vereinbaren, in dem der Sohn ausschließlich auf den Pflichtteil hinsichtlich des zu übertragenden Hauses verzichtet. Der Sohn würde im Gegenzug einen Abfindungsbetrag erhalten, der sich wie im Beispiel 1 (siehe Seite 26) lediglich nach dem derzeitigen Verkehrswert des Hauses richtet.

5. 1 Rechtsfolge:

Der Sohn verzichtet ausschließlich auf das Pflichtteilsrecht hinsichtlich des Hauses. Ihm stehen weiterhin sämtliche weitere Erbansprüche (gesetzliches Erbrecht und testamentarisches Erbrecht) zu. Daraus ergibt sich ein Vorteil für die Eltern Mustermann oder auch für die Tochter, diese müssen einen geringeren Abfindungsbetrag an den Sohn zahlen. Der Sohn hat schließlich nur auf das Pflichtteilsrecht hinsichtlich des Hauses verzichtet.

5. 2 Rechtliche Bewertung dieser Alternative

Mit der oben beschriebenen Alternative wird nur ein greifbares Argument getroffen. Der Sohn Mustermann erhält einen geringeren Abfindungsbetrag. Die Zahlung eines geringeren Abfindungsbetrages erscheint sinnvoll, wenn zurzeit nicht genügend

62 Gegenständlicher Pflichtteilsverzicht gem. § 2346 Absatz 2 BGB

Vermögen vorhanden ist, um dem Sohn den höheren Abfindungsbetrag (siehe Seite 42) auszuzahlen. Dieses Argument können die Eltern Mustermann dadurch entkräften, indem sie mit dem Sohn eine Ratenzahlung vereinbaren oder sich den Betrag mit der Tochter teilen.

Des Weiteren kann den Eltern nur empfohlen werden, auch bei dieser Alternative ein Testament zu errichten und den Nachlass[63] zu regeln. Hier kommt es zum ersten Schwachpunkt des gegenständlich beschränkten Pflichtteilsverzichts. Nach dem erstversterbenden Ehegatten kann der Sohn den Pflichtteil – errechnet aus dem restlichen Nachlass – fordern, so dass der gewünschte Effekt „der Sohn soll keine Ansprüche mehr gegen die Eltern richten können" nicht greift. Diese Einforderung des Pflichtteils kann den überlebenden Ehegatten in finanzielle Nöte bringen.

Hier ist zu bedenken, dass für die Ausrichtung einer Beisetzung ein hoher Geldbetrag notwendig ist und zusätzlich noch der Pflichtteil gezahlt werden müsste.

Aus den Gesamtüberlegungen heraus sollte auf die oben beschriebene Alternative nicht zurückgegriffen werden. Bei dem Verzicht des Sohnes auf das gesetzliche Erbrecht und das Pflichtteilsrecht stehen alle Beteiligten auf festen rechtlichen Füßen und jeder weiß, welche Ansprüche der Sohn noch geltend machen kann oder auch nicht.

Dem Sohn der Mustermanns entstehen nach dem Abschluss des Erb- und Pflichtteilsverzichtsvertrages mit den Eltern keine Nachteile, da die Eltern ihn auch weiterhin in einem Testament bedenken können.

Tipp

Wenn es den Eltern Mustermann finanziell möglich ist, sollte von der Möglichkeit des „gegenständlich beschränkten Pflichtteilsverzichts" abgesehen werden.

---

63 Vermögen, welches nach dem Tod noch vorhanden ist.

Mit dem Sohn sollte der oben ausführlich beschriebene Erb- und Pflichtteilsverzichtsvertrag zwischen den Eltern Mustermann und deren Sohn in einer notariellen Urkunde geschlossen werden[64].
Mustermanns können bei dem beurkundenden Notar Geld sparen, wenn sie den Erb- und Pflichtteilsverzichtsvertrag als Sonderregelung in dem Hausübertragungsvertrag zwischen den Eltern und der Tochter mit aufnehmen.
Rechtlich ist diese Vorgehensweise unproblematisch. In der Urkunde über den Hausübertragungsvertrag wird zusätzlich zu den Eltern und der Tochter auch der Sohn Mustermann mit aufgeführt. Am Ende des Vertrages unterschreiben alle Beteiligten den Vertrag, so dass dieser bindend wird.
Würden die Mustermanns zwei notarielle Urkunden errichten lassen (Übertragungsvertrag und Verzichtsvertrag), dann fielen weitere Gebühren beim Notar an, die sich alle Beteiligten sparen können.

Besonderer Hinweis:
Es besteht selbstverständlich die Möglichkeit, beiden Kindern das Hausgrundstück[65] zu übertragen, dann würde die Tochter zu ½ Miteigentumsanteil und der Sohn ebenfalls zu ½ Miteigentumsanteil[66] als Eigentümer in das Grundbuch eingetragen.
Hieraus ergibt sich, dass keine Abfindungsbeträge und keine Erb- und Pflichtteilsverzichte mit den Kindern geschlossen werden müssen. Keines der Kinder würde bei der oben aufgeführten Vorgehensweise schlechter gestellt.
Alle Überlegungen aus dem Kapitel I müssen nicht berücksichtigt werden.

---

64 § 2348 BGB Der Erbverzichtsvertrag bedarf der notariellen Beurkundung.

65 Hausgrundstück beinhaltete das Grundstück inklusive der errichteten Immobilie. Im Buch auch kurz Immobilie genannt.

66 Wenn mehr als zwei Kinder vorhanden sind, dann können alle Kinder zu dem entsprechenden Bruch- / Miteigentumsanteil als Eigentümer in das Grundbuch eingetragen werden.

Die Übertragung des Hausgrundstücks auf alle Kinder einer Familie wird häufig von den Eltern gewählt, wenn feststeht, dass keines der Kinder mit in der Immobilie wohnen möchte oder die Kinder sind bereits Eigentümer eines eigengenutzten Eigenheims.
Die Intention der Eltern besteht zu einem darin, das Hausgrundstück im Familienbesitz zu halten und zum anderen, das Hausgrundstück vor dem Zugriff des Sozialhilfeträgers zu schützen.
Warum vor dem Zugriff des Sozialhilfeträgers schützen?
Gehen wir davon aus, dass ein Elternteil Mustermann in einem Alten- und Pflegeheim versorgt werden muss, dann sind die Kosten für diesen Heimplatz von den Eltern Mustermann zu zahlen. Ist das ersparte Vermögen der Mustermanns aufgebraucht und darüber hinaus reicht die Rente nicht zur Begleichung des Pflegplatzes aus, dann liegt juristisch gesehen eine „Verarmung der Eltern Mustermann vor[67]". In diesem Fall tritt grundsätzlich das Sozialrecht ein und der Sozialhilfeträger würde den Differenzbetrag (Kosten des Pflegheimplatzes abzüglich des, von den Eltern Mustermann, gezahlten Betrages) begleichen.

Der Sozialhilfeträger muss den Differenzbetrag nicht zahlen, wenn seit der Übertragung des Hausgrundstücks eine Frist von 10 Jahren noch nicht verstrichen ist. In diesem Fall ist der Schenker verpflichtet den geschenkten Gegenstand zurückzufordern[68]. Abgestellt wird auf den Vollzug der Schenkung (die Übertragung eines Hausgrundstücks an die Kinder im Wege der vorweggenommenen Erbfolge ist juristisch eine "Schenkung"). Diese Rückforderung des Hausgrundstücks möchten die Eltern Mustermann verhindern. Mit dem Ergebnis, dass sie das Hausgrundstück frühzeitig auf eines oder alle Kinder übertragen.
Im Kapitel V werden wir uns noch detaillierter mit den Rückgriffsmöglichkeiten des Sozialhilfeträgers beschäftigen.

67 § 528 BGB Rückforderung wegen Verarmung des Schenkers

68 § 529 BGB Ausschluss des Rückforderungsanspruchs

KAPITEL II

Wie können sich die Mustermanns absichern, damit sie auch weiterhin in dem übertragenen Haus wohnen können?

1. Allgemeines

Bis hierher wurden die erbrechtlichen Fragen sowie der Erb- und Pflichtteilsverzichtsvertrag des Sohnes betrachtet. In diesem Kapitel sollen die Möglichkeiten vorgestellt werden, wie die Eltern Mustermann sich ihr „**Wohnen**" im übertragenen Haus im Grundbuch absichern können. Zur Absicherung stehen folgende Rechte zur Verfügung:

1. 1 Rechte mit denen das „Wohnen" im Grundbuch abgesichert werden kann

2. Nießbrauchrecht §§ 1030 ff BGB
3. Wohnrecht §§ 1090 ff. BGB
4. Wohnungsrecht §§ 1093 ff. BGB
5. Dauerwohnrecht § 31 WEG
6. Altenteil § 53 GBO
7. Bildung von Wohnungseigentum §§ 1 ff WEG

1. 2 Wirkung eines eingetragenen Rechtes

Mustermanns haben die Möglichkeit sich eines der unter 2. – 7. aufgeführten Rechte im Grundbuch eintragen zu lassen. Das jeweilige Recht steht den Eltern höchstpersönlich zu und die Eltern können über das Bestehenbleiben oder die Aufhebung des Rechtes

entscheiden (Verfügungsrecht des Berechtigten[69]). Mustermanns bleiben solange Inhaber des Rechtes, bis sie einen eindeutigen Verzicht auf das Recht äußern oder die Eltern Mustermann sind verstorben, in beiden Fällen geht das Recht „unter“[70]. Ein weiterer Fall in dem das Recht erlischt, könnte während eines Zwangsversteigerungsverfahrens des Hausgrundstücks[71] entstehen.
Die oben aufgeführten Rechte sind sogenannte „Rechte auf die Lebenszeit“, sie erlöschen mit dem Tod des jeweiligen Berechtigten – hier den Eltern Mustermann –, oder durch Aufgabeerklärung[72] der Eltern Mustermann. Ein weiteres Merkmal dieser Rechte ist die Verbindung des jeweiligen Rechtes mit dem Hausgrundstück und nicht mit dem Eigentumsrecht der Tochter.

1. 3 Verbindung des eingetragenen Rechts mit dem Grundstück

Wie stellt sich diese Verbindung für die Mustermanns dar? Der Eigentümer des Hausgrundstücks kann nach Belieben wechseln, das eingetragene Recht muss der neue Eigentümer immer mit übernehmen,

„das eingetragene Recht der Eltern klebt am Grundstück und nicht am Eigentümer!“

Das Recht ist für die Mustermanns im Grundbuch eingetragen und das Grundstück ist ihr Pfand. Die Tochter Mustermann kann das

69 Berechtigter ist der Inhaber des jeweiligen Rechtes

70 „das Recht geht unter“ bedeutet juristisch, das Recht ist zwar noch im Grundbuch eingetragen, aber der Berechtigte kann es nicht mehr ausüben (Tod des Berechtigten oder im Wege einer Zwangsversteigerung erloschen)

71 Erläuterungen zur Zwangsversteigerung werden im III. Kapitel detailliert besprochen

72 Juristisch: Bewilligung zur Löschung des Rechtes im Grundbuch, § 19 Grundbuchordnung (GBO)

Hausgrundstück auch verkaufen[73], der neue Eigentümer muss das Hausgrundstück aber mit den Eltern Mustermann und dem jeweiligen eingetragenen Recht übernehmen, da das Recht fest mit dem Hausgrundstück verbunden ist. Die oben genannten Rechte sind so genannte „beschränkte persönliche Dienstbarkeiten“, die im Bürgerlichen Gesetzbuch (BGB) ab den §§ 1030 ff. BGB beschrieben sind.

1. 4 Wesen der beschränkt persönlichen Dienstbarkeiten

Das Wesen dieser Dienstbarkeiten ist es, dass das Grundstück, an dem eines dieser Rechte bestellt ist, zum „dienen“ bestimmt ist. Das jeweilige Recht beschränkt sich auf die im Grundbuch eingetragenen Personen (dinglichen Berechtigten)[74].
Der Begriff „dienen“ wird im Grundbuchrecht immer dann verwandt, wenn der Eigentümer keine persönlichen Leistungen / Tätigkeiten (z.B. Zahlung einer monatlichen Geldrente) erbringen muss. Dienen bedeutet, das Grundstück steht für den jeweiligen Berechtigten zur Verfügung und dieser kann seinen Nutzen aus dem Grundstück ziehen.

---

73 Juristisch „veräußern“

74 Im Grundbuch ist für eine Person ein Recht eingetragen worden, da dieses Recht im jeweiligen Grundbuch festgeschrieben wurde und somit öffentlich bekannt ist, nennt man den Inhaber des Rechtes „Dinglichen Berechtigten“, das eingetragene Recht gilt gegen alle Rechtsnachfolger des eingetragenen Eigentümers (Erben oder Neueigentümer) fort.

2. Das Niessbrauchrecht §§ 1030 ff BGB

2. 1 Allgemeines

Zur Erläuterung des Rechts soll das folgende Beispiel dienen. Die Eheleute Mustermann kaufen der Tochter einen exklusiven Sportwagen, diesen stellen die Eltern in die Garage und sagen der Tochter „dies ist dein neuer Sportwagen, den kannst Du dir jeden Tag ansehen, Du darfst dich auch hineinsetzen und deinen Freunden darfst Du den Wagen auch zeigen, aber mit ihm fahren, dass darfst Du nicht".
Projiziert man dieses Beispiel auf die übertragene Immobilie, dann hätte man ein Nießbrauchrecht an einem Grundstück begründet.

2. 2 Rechte des Niessbrauchers

Dem Nießbraucher stehen somit fast alle Rechtshandlungen zu, die einem Eigentümer zustehen. Eines kann der Nießbraucher nicht, er darf über das Grundstück nicht verfügen, das bedeutet, er darf das Grundstück nicht verkaufen, nicht verschenken und auch nicht mit Grundschulden, Hypotheken oder sonstigen Rechten belasten[75]. Das Verfügungsrecht steht weiterhin ausschließlich dem Eigentümer (der Tochter) zu.
Der Nießbraucher wird von den Juristen auch als „Fast – Eigentümer"[76] bezeichnet. Der Nießbraucher kann sämtliche Nutzungen aus dem Grundstück ziehen. Nutzungen sind die Einnahmen aus einem Recht sowie die Vorteile, welche der Gebrauch des Rechts gewährt, vgl. § 100 BGB.

Was bedeutet diese Aussage für den Nießbraucher?

75 Juristisch korrekt: veräußern und belasten

76 Materielles Liegenschaftsrecht im Grundbuchverfahren, Leesmeister, 3. Auflage, Seite 111

Der Nießbraucher kann zum Beispiel eine Einliegerwohnung, die sich noch zusätzlich in dem Haus befindet, vermieten und die Mieteinnahmen für sich einziehen und nutzen oder er kann eine Garage, den Garten oder Geschäftsräume an Dritte[77] vermieten und die Mieteinnahmen für sich verwenden, (Früchte des Nießbrauchs). Der Nießbraucher kann aber auch die Vorteile aus dem Nießbrauch ziehen, er kann somit selbst das Haus nutzen.
Mit der Bestellung des Nießbrauchrechtes im Grundbuch hat sich der Nießbraucher „das Recht zum Wohnen auf die Lebenszeit in dem Haus gesichert“ (Vorteile, welche der Gebrauch des Rechts gewährt). Hier wird erkennbar, wie weitreichend dieses Recht für die Eltern Mustermann ist. Aus diesem Grund ist dieses Recht auch mit Pflichten für die Mustermanns verbunden.

2. 3 Pflichten des Niessbrauchers

Der Nießbraucher muss das Hausgrundstück gegen Brand und sonstige Unfälle (Wohngebäudeversicherung) versichern, vgl. § 1045 BGB[78]. Des Weiteren hat der Nießbraucher die öffentlichen Lasten, die mit dem Hausgrundstück verbunden sind zu tragen (Straßenreinigung, Grundsteuer, etc.), vgl. § 1047 BGB[79].
Von ganz entscheidender Bedeutung für oder gegen die Auswahl des Nießbrauchrechts dürften die nachfolgenden vom Gesetzgeber festgelegten Regelungen sein. In Kombination der § 1036[80] und § 1041 BGB[81] trifft die Mustermanns die Pflicht zur Erhaltung des Hauses und des Grundstückes. Für die Mustermanns bedeuten diese Regelungen, dass sie weiterhin für alle notwendigen

77 Als „Dritte“ wird juristisch eine unbekannte zukünftige Vertragsperson bezeichnet

78 § 1045 BGB Versicherungspflicht des Nießbrauchers

79 § 1047 BGB Lastentragung

80 § 1036 BGB Ausübung des Nießbrauchs

81 § 1041 BGB Erhaltung der Sache

und erforderlichen Ausbesserungen und Erneuerungen zahlungsverpflichtet sind. Ist die Zentralheizung defekt, so muss diese von den Eheleuten Mustermann, auf ihre Kosten, repariert werden. Ist eine Reparatur der Heizung nicht mehr möglich, so ist streitig, ob der Nießbraucher zur Anschaffung einer neuen Heizung allein verpflichtet ist[82]. Die Mustermanns müssen gemäß § 1041 BGB alle Reparaturen auf ihre Kosten durchführen lassen, die für den wirtschaftlichen Bestand des Hausgrundstückes notwendig sind, beispielhaft seien hier erwähnt: Reparatur des Daches, der Fenster, der Wasserleitung, etc.. Für all diese Kosten haften die Eltern Mustermann.

Die Mustermanns haften jedoch nicht für die auf dem Grundstück eingetragenen (verdinglichten) privatrechtlichen Lasten, dieses sind zum Beispiel: eingetragene Hypotheken, Grundschulden, etc. und die damit verbundenen Zins- und Tilgungsleistungen[83], mithin sind die für die Tochter der Mustermanns abgesicherten Kredite auch durch die Tochter zu bedienen.

Die oben geschilderten Pflichten der Mustermanns, die sich aus §§ 1036 und 1041 BGB (Pflicht zur Tragung der Kosten zur Erhaltung des wirtschaftlichen Bestandes des Hausgrundstücks) ergeben, sind nicht auf die Tochter (Eigentümer) vertraglich übertragbar. Die Juristen sprechen von der „Nichtabdingbarkeit" dieser Rechte. Würde man die Übertragbarkeit der Pflichten auf die Tochter zulassen, so würde man gegen den Sinn und Zweck des Nießbrauchrechts verstoßen und dieses ist juristisch nicht tragbar[84].

82 BGH – Urteil vom 23.01.2009 Az.: V ZR 197/07

83 Grünberg, 82. Auflage, RdNr. 3 zu § 1047 BGB

84 Materielles Liegenschaftsrecht im Grundbuchverfahren, Leesmeister, 3. Auflage, Seite 114

2. 4 Bewertung des Niessbrauchrechts hinsichtlich des Falles (Zwei Generationen wollen in einem Haus wohnen)

Das Nießbrauchrecht zeigt einige Schwächen auf.
Durch die Eintragung des Nießbrauchrechts für die Eltern Mustermann in das Grundbuch, werden diese wie „Fast – Eigentümer" behandelt. Da nun die Familie der Tochter und die Eltern Mustermann gemeinsam das Haus nutzen möchten, muss zusätzlich zu dem Nießbrauchrecht der Eltern noch eine beschränkte persönliche Dienstbarkeit[85] für die Tochter und deren Familie im Grundbuch vor dem Recht der Eltern eingetragen werden. Diese juristische Verfahrensweise ist notwendig, da ansonsten die Tochter mit ihrer Familie das Recht „Wohnen im Haus" nicht – ohne Weiteres – durchsetzen könnte[86]. Die Begründung liefert das Nießbrauchrecht in § 1030 Abs. 2 BGB[87]. Schlagwortartig sei hier angeführt, dass die Möglichkeit besteht, einzelne Nutzungen vom Nießbrauch ausschließen. Dies würde zur Folge haben, dass, schließe man die Nutzung „Wohnen" aus, eine der Generationen nicht in dem Haus wohnen könnte. Aus diesem Grunde muss hier „das Wohnen" beider Generationen mit mehreren Rechten im Grundbuch abgesichert werden (beschränkte persönliche Dienstbarkeit für die Tochter mit Familie und einem Nießbrauchrecht für die Eltern).
Des Weiteren ist zu beachten, dass ein eingetragenes Nießbrauchrecht für die Eltern Mustermann steuerlich nachteilig sein könnte und zwar dann, wenn die Eltern noch Einnahmen aus dem Recht erzielen (Miete, Pacht), diese müssten steuerlich veranlagt werden[88].

---

85 Eventuell ein Wohnrecht oder Wohnungsrecht

86 Materielles Liegenschaftsrecht im Grundbuchverfahren, Leesmeister, 3. Auflage, Seite 114

87 § 1030 Abs. 2 BGB „Der Nießbrauch kann durch den Ausschluss einzelner Nutzungen (gemeint ist immer die gesamte Nutzungsart z.B. Wohnen, Vermietung) beschränkt werden"

88 Veranlagung bedeutet, dass diese Beträge in einer Steuererklärung angegeben werden müssen.

Aus den obigen Erläuterungen ist zu entnehmen, dass die Tochter und Neueigentümerin nur noch sehr wenig Mitspracherecht an dem Hausgrundstück besitzt. Seitens der Eltern stellt sich die Frage: „Wird sich die Tochter mit ihrer Familie soweit einschränken lassen oder wird sie nicht doch lieber die Flucht nach vorne antreten und selbst ein Eigenheim bauen oder erwerben?"
Weitere Schwachpunkte des Nießbrauchrechts sind die engen Rahmenbedingungen für die Tochter zur Finanzierung von Baudarlehen, die durch Grundschulden oder Hypotheken grundbuchrechtlich (dinglich) abgesichert werden. Die Banken verhalten sich naturgemäß zurückhaltend, bei der oben geschilderten grundbuchrechtlichen Konstellation, günstige Kredite zu gewähren. Mit anderen Worten, erhält die Tochter einen Kredit, so wird sich die Bank das Risiko mit einem höheren Kreditzins vergüten lassen. Weitere Ausführungen zu dieser Problematik und den Rangverhältnissen im Grundbuch werden im Anschluss an die Vorstellung der gesamten Dienstbarkeiten erläutert. Als Grund hierfür sei derzeit angemerkt „...im Zwangsversteigerungsverfahren wird es für die Bank kaum möglich sein, einen Interessenten zu finden, der ein Hausgrundstück, belastet mit einem Nießbrauchrecht, für die Eltern Mustermann ersteigert.."[89].

2. 5 Fazit zum Niessbrauchrecht

Die Eintragung eines Nießbrauchrechts für die Eltern Mustermann in das Grundbuch der Tochter ist nicht sinnvoll, da bei diesem Recht die Eltern weiterhin einen Großteil der zu erwartenden Kosten (Instandhaltung, etc.) zu tragen haben. Für die Tochter als Eigentümerin ist dieses Recht aus Finanzierungssicht ebenfalls nicht sinnvoll. Des Weiteren kann ein eingetragenes Nießbrauchrecht durch

89 Detaillierter Ausführungen zu dieser Problematik in: Materielles Liegenschaftsrecht im Grundbuchverfahren, Leesmeister, 3. Auflage, Seite 114

den Sozialhilfeträger, beim Vorliegen des Notbedarfs[90], für den längstlebenden Elternteil kapitalisiert werden. Das heißt, der längstlebenden Elternteil nimmt Sozialhilfeleistungen in Anspruch und in diesem Moment ist der Sozialhilfeträger berechtigt und verpflichtet das Nießbrauchrecht in einen monatlichen Geldwert umzuwandeln. Dieser errechnete Betrag muss dann monatlich durch die Tochter zur Bestreitung des Lebensunterhalts des längstlebenden Elternteils abgeführt werden.

Diese Problematik wird im **V.** Kapitel noch intensiver behandelt.

Es bleibt festzuhalten, dass sich das Nießbrauchrecht für die Eheleute Mustermann nicht als die ideale Lösung, für den Fall, dass beide Generationen in dem Haus wohnen und leben wollen, darstellt. Hier sollte von der Bestellung eines Nießbrauchrechts abgesehen werden.

Vorteilhaft ist ein Nießbrauchrecht für die Eltern Mustermann dann, wenn diese eine so genannte „Risikostreuung" durchführen möchten. Die Eltern besitzen mehrere Mietimmobilien, die die Eltern z.B. aus steuerlichen Gründen bereits zu Lebzeiten auf die Kinder übertragen möchten. Im Gegenzug wollen sich die Eltern weiterhin die Mieteinnahmen sichern. In diesem speziellen Fall wäre die Bestellung eines Nießbrauchs für die Eltern Mustermann ratsam, da die Eltern weiterhin alle rechtlichen Handlungen (Ausnahme: Verfügungsrecht) durchführen können.

Tipp zum Nießbrauchrecht

Für die Fallkonstellation „Zwei Generationen wohnen in einem Haus" sollten die Mustermanns von der Bestellung eines Nießbrauchrechts abstand nehmen!

---

90 § 93 SGB XII i.V.m. § 528 BGB, der Notbedarf des Schenkers liegt vor, wenn der Schenker nach der Schenkung außerstande ist, seinen angemessenen Unterhalt zu bestreiten.

3. Wohnrecht § 1090 BGB (Beschränkte persönliche Dienstbarkeit)

3. 1 Allgemeines

Das Wohnen in dem übertragenen Eigenheim können sich die Eheleute Mustermann im Grundbuch durch ein Wohnrecht[91] im Grundbuch absichern lassen. Diese Beschränkte persönliche Dienstbarkeit zeichnet sich dadurch aus, dass der Eigentümer (Tochter) den Berechtigten (Eltern) die Befugnis zubilligen muss, das Grundstück in einzelnen Beziehungen zu benutzen oder dem Berechtigten eine sonstige Befugnis zustehen muss.

Was bedeutet diese gesetzliche Formulierung?

Die Beschränkte persönliche Dienstbarkeit ist für den Eigentümer so ausgelegt, dass für ihn ein Dulden oder Unterlassen aus dem Grundstück heraus verpflichtend ist. Dem Berechtigten steht das Grundstück zur Nutzung in einzelnen Beziehungen zur Verfügung. Im Fall des Wohnrechts ist der Eigentümer (Tochter) verpflichtet den Berechtigten (Eltern) das Wohnen im übertragenen Haus zu dulden. Die Eltern Mustermann dürfen aufgrund des Wohnrechts das Haus in einzelnen Beziehungen nutzen, hier ist das Nutzen[92] des Hauses „das Wohnen“.

Diese einführenden Worte waren zur Einordnung des Wohnrechts unter die Beschränkte persönliche Dienstbarkeit gemäß § 1090 BGB notwendig. Nun aber zur Praxis.

91 Es handelt sich hier um eine Duldungsdienstbarkeit. Der Eigentümer muss das Wohnen des Berechtigten dulden.

92 Der Gesetzgeber versteht unter „Nutzen“ die gesamte Nutzungsart. Hier die Nutzungsart „Wohnen“ im gesamten Gebäude.

3. 2 Rechte des Wohnberechtigten

Die Eltern Mustermann können sich im notariellen Übertragungsvertrag Räume sichern, die sie mit der Familie der Tochter gemeinschaftlich nutzen können[93]. Das Wohnrecht wird häufig mit der Redewendung „Wohnen wie zu Großmutters – Zeiten" umschrieben. Auf alten Bauernhöfen war es Tradition, dass sich die Familie des Jungbauern mit der Familie des Altbauern eine große Küche mit Essgelegenheit teilte. In dieser Küche spielte sich das gesamte Leben der beiden Generationen ab. Wurde Besuch empfangen, so war dieser für beide Generationen bestimmt, denn man hatte nur eine „beste Stube"[94]. Über die Auswahl des damaligen Radioprogramms (Fernsehen gab es noch nicht) musste man sich im Vorfeld einigen und eine Rückzugsmöglichkeit für die jeweilige Generation war das jeweilige Ehegattenschlafzimmer. Privatsphäre fand mithin nur im Schlafzimmer statt.

3. 3 Fazit

Dieses gerade geschilderte „Wohnen" kann im Grundbuch mit einem Wohnrecht abgesichert werden. Diese Art des Wohnens spiegelt nicht mehr die heutigen Lebensverhältnisse der Generationen wider. Wenn die Mustermanns so ein inniges Familien- und Wohnverhältnis unter den beiden Generationen möchten, dann steht es ihnen frei, sich ein „Wohnrecht" im Grundbuch eintragen zu lassen.

Tipp zum Wohnrecht

Aus der täglichen Praxis im Amtsgericht ist bekannt, dass Wohnrechte sehr sehr selten eingetragen werden und den heutigen

93 Materielles Liegenschaftsrecht im Grundbuchverfahren, Leesmeister, 3. Auflage, Seite 95, 96

94 Wohnzimmer, welches nur an hohen kirchlichen Feiertagen oder zur Bewirtung des Besuchs genutzt wurde.

Ansichten eines Zusammenlebens zweier Generationen in einem Haus nicht mehr entsprechen.
Es gibt Konstellationen, bei denen auf das Wohnrecht zurückgegriffen werden muss (siehe Seite 141).

4. Wohnungsrecht § 1093 BGB

4. 1 Allgemeines

Das Wohnungsrecht stellt im § 1093 BGB eine Spezialnorm (Lex specialis) zur Beschränkten persönlichen Dienstbarkeit (§ 1090 BGB) dar. Diese Spezialnorm bietet den Eltern Mustermann eine weitaus bessere Lösung, als die originäre beschränkte persönliche Dienstbarkeit, an. Durch die Silbe „ungs" wandelt sich der Inhalt des Rechtes beträchtlich. Vor der Eintragung eines Wohnungsrechts in das Grundbuch können sich die Eltern bereits in dem notariellen Übertragungsvertrag ihre eigenen „vier Wände" festlegen und sich so eine entsprechende Wohnung in der übertragenen Immobilie sichern.

4. 2 Vorteil für den Wohnungsberechtigten

Der Vorteil des Wohnungsrechtes ist, dass die Eltern Mustermann die Wohnung unter Ausschluss des Eigentümers nutzen können[95]. Der „Ausschluss des Eigentümers" stellt bei diesem Recht das entscheidende Wesensmerkmal dar. Die Eltern erhalten in der übertragenen Immobilie eine separate Wohnung, die sie mit einer Korridortür verschließen können. Möchte nun die junge Generation in die Wohnung der Eltern Mustermann, so muss diese anklopfen und

95 Schöner / Stöber, Handbuch der Rechtspraxis Grundbuchrecht, 16. Auflage, RdNr. 1236

darauf warten, dass ihnen Einlass gewehrt wird. Wird der Einlass verwehrt, so darf die junge Generation nicht ohne Weiteres die Wohnung der Eltern Mustermann betreten. § 1093 Abs. 1 S. 1 BGB sichert den Eltern eine Wohnung zu, die sie

„*unter Ausschluss des Eigentümers*"

nutzen können!

In dem notariellen Übertragungsvertrag ist der Bereich der Wohnung der Eltern genau festzulegen, so dass ein unbeteiligter Dritter ohne Schwierigkeiten erkennen kann, an welchen Räumlichkeiten das Wohnungsrecht begründet wurde[96].

4. 3 Formulierungsbeispiel eines Wohnungsrechts für den Notar nebst Hinweisen

> „*... Wohnungsrecht gemäß § 1093 BGB für die Eheleute Mustermann an den Räumen im 1. Obergeschoss, rechts vom Treppenaufgang, bestehend aus Küche mit Essgelegenheit, Wohnzimmer, Schlafzimmer, Bad, WC, Computerraum, Diele, sowie einen Garagenstellplatz und einem Kellerraum. Den Berechtigten steht ein Mitbenutzungsrecht am Garten zu ...*"

Um die Lage der Räumlichkeiten eindeutig darzustellen, ist es sinnvoll, dem Übertragungsvertrag eine entsprechende Zeichnung beizufügen, aus der sich die Lage der Räumlichkeiten ergibt.
Notwendig ist eine Zeichnung immer dann, wenn nach Vertragsabschluss an der Immobilie noch eine Um- und/oder Anbaumaßnahme durchgeführt werden soll, die die Räumlichkeiten des Wohnungsrechts erst entstehen lassen. Mit anderen Worten, die

96 Oberlandesgericht (OLG) Hamm, Deutsche Notar Zeitung (DNotZ) 1970, Seite 417

Bestellung eines Wohnungsrechts ist bereits vor Fertigstellung der Räumlichkeiten möglich[97].
Hier sei noch angemerkt, dass der Wohnungsberechtigte nicht verpflichtet ist, die Wohnung zu nutzen. Er kann für längere Zeiten im Ausland wohnen und nach seiner Rückkehr steht ihm weiterhin das Wohnungsrecht zu. Dieser Problematik kann der Eigentümer mit einer auflösenden Bedingung entgegen wirken, siehe Seite 80.

4. 4 Nutzung gemeinschaftlicher Anlagen und Einrichtungen

Den Eltern Mustermann ist ein entsprechendes Wohnungsrecht von der Tochter als Neueigentümerin eingeräumt worden. Die Eltern freuen sich über die reibungslose Abwicklung des Vertrages. Im darauffolgenden Winter hat die Tochter mit ihrer Familie einen Winterurlaub gebucht. Um Energiekosten einzusparen, hat die Tochter die Zentralheizung auf 18 Grad Celsius Dauerbetrieb eingestellt. Die Eltern Mustermann frieren in der Oberwohnung, der Vater möchte die Betriebstemperatur auf angenehme 21 Grad erhöhen, leider ist die Tür zum Heizungskeller verschlossen. Völlig verängstigt schauen die Eltern Mustermann in den Übertragungsvertrag, in diesem finden sie keine Bestimmung zur Nutzung der Heizungsanlage. Was nun?
§ 1093 Abs. 3 BGB gesteht den Mustermanns die Nutzung von gemeinschaftlichen Anlagen und Einrichtungen zu, wenn sie zur ordnungsgemäßen Ausübung des Wohnungsrechts benötigt werden[98]. Zu den gemeinschaftlichen Anlagen und Einrichtungen zählen unter anderem folgende[99]:

97 Entscheidung des OLG Hamm, 15 Wx 33/74 vom 07.07.1975 (DNotZ 1976, Seite 229)

98 Bundesgerichtshof (BGH), DNotZ 1970, Seite 29 ff.

99 Grüneberg, 82 Auflage, RdNr. 13 zu § 1093 BGB; BGH DNotZ 1970, Seite 29 ff.

- Sammel- oder Zentralheizung
- Keller
- Treppenhaus
- Hofflächen
- Waschküche
- Trockenboden
- Ver- und Entsorgungsanlagen

Aus der Auflistung ist zu entnehmen, dass die Mustermanns Zutritt zum Heizungskeller/raum fordern können, da es sich bei der Zentralheizung um eine gemeinschaftliche Anlage handelt. Ist der Schlüssel zum Heizungskeller nicht auffindbar, so kann sich der Vater ggfs. mit Gewalt Zugang verschaffen.
Da die Eltern zur Nutzung der gemeinschaftlichen Anlagen und Einrichtungen von Gesetzes wegen berechtigt sind, bedürfen diese Regelungen nicht ausdrücklich der gesonderten Auflistung im notariellen Übertragungsvertrag und im Grundbuch. Aus Gründen der Eindeutigkeit, Überprüfbarkeit und zur Vermeidung von Streitigkeiten unter den Generationen ist es ratsam, zumindest die gemeinschaftlichen Anlagen und Einrichtungen, die zu Zweifeln Anlass geben, ausdrücklich in den Übertragungsvertrag mit aufzunehmen.

Die Nutzung des **Gartens**[100] und die Bereitstellung eines **Garagenplatzes**[101] fallen nicht unter den Begriff der gemeinschaftlichen Anlagen und Einrichtungen. Falls die Eltern Mustermann den Garten und einen Garagenplatz nutzen möchten, so müssen diese beiden Nutzungen im notariellen Übertragungsvertrag, bei der Ausgestaltung des Wohnungsrechts, gesondert zugewiesen und im Vertrag mit aufgeführt werden (vgl. Formulierungsbeispiel Seite 71)!

100 Entscheidung des OLG Zweibrücken, 3 W 43/98 vom 24.02.1998, Rechtspfleger 1998, Seite 282

101 Entscheidung des LG Osnabrück, Mittelbayrische Notar Zeitung (MittBayNot) 1972, Seite 238, Rechtspfleger 1972, Seite 308

4. 5 Wer trägt die Kosten des Wohnungsrechts?

4. 5. 1 Unterhaltung des Gebäudes

Anders als beim Nießbrauchrecht, müssen die Eltern Mustermann beim Wohnungsrecht nicht für die Kosten der Unterhaltung des Gebäudes aufkommen. Ist die Zentralheizungsanlage defekt oder muss sie erneuert werden, so müssen die Eltern diese Reparatur nicht zahlen.
Beim Wohnungsrecht hat die rechtliche Stellung der Eltern gewechselt, die Eltern sind nicht verpflichtet die Kosten zu tragen, aber sie können der Tochter auf freiwilliger Basis einen Geldbetrag als Unterstützung zukommen lassen.

4. 5. 2 Nebenkosten / Renovierungskosten

Die laufenden Nebenkosten für Wasser, Strom, Heizung, Müllabfuhr, Hausratversicherung, etc. sind von den Eltern Mustermann selbst zu zahlen[102]. Des Weiteren sind von den Eltern die üblichen Renovierungskosten für die Wohnung (Deckenanstrich, Erneuerung des Bodenbelags, Erneuerung von Tapeten, etc.) zu zahlen.
Als Grundsatz können sich die Eltern merken, dass sie die Kosten tragen müssen, die originär mit der Wohnung in Verbindung stehen[103].

102 Schöner / Stöber, Handbuch der Rechtspraxis Grundbuchrecht, 16. Auflage, RdNr. 1252

103 Die Pflicht zur Tragung der Renovierungskosten ergibt sich aus § 1093 Abs. 1 S. 2 BGB i.V.m. § 1041 BGB. Im § 1041 S. 2 BGB heißt es, „... Ausbesserungen und Erneuerungen liegen ihm nur insoweit ob, als sie zu der gewöhnlichen Unterhaltung der Sache (hier die Wohnung) gehören..."

4. 5. 3 Unentgeltlichkeit des Wohnungsrechts

Im Wege der Parteivereinbarung zwischen Tochter und Eltern besteht die Möglichkeit, vertraglich zu regeln, dass die Tochter sämtliche Kosten übernimmt, die mit dem Wohnungsrecht in Zusammenhang stehen (Unentgeltlichkeit des Wohnungsrechts). Von einer kompletten Unentgeltlichkeit kann nur abgeraten werden. Die Änderung der gesetzlich festgelegten Kostentragungspflicht kann sich bei einer Berechnung von Sozialleistungen (Eintritt des Notbedarfs) durch den Sozialhilfeträger äußerst negativ auswirken. Tochter und Eltern sollten die unter 4.5.2. beschriebenen Kosten nie im Wege einer notariellen Urkunde auf die Tochter übertragen! Hierzu weitere Ausführungen im **V.** Kapitel.

4. 6 Empfang von Besuch

Die Eltern Mustermann können selbstverständlich Besuch in ihrer Wohnung empfangen, ohne dass diese Regelung besonders mit der Tochter abzusprechen ist oder gar in dem Übertragungsvertrag festgeschrieben werden muss. Darüber hinaus dürfen die Eltern auch Gäste beherbergen, wenn die Beherbergung vorrübergehend ist[104].

4. 7 Wer darf die Wohnung nutzen?

Dem § 1093 Abs. 2 BGB ist zu entnehmen, wer die Wohnung nutzen darf, dieses sind:

a) Der Berechtigte (die Eltern)
b) Die Familie der Berechtigten (Kinder)

104 Grüneberg, 82 Auflage, RdNr. 12 am Ende zu § 1093 BGB

c) Personen zur standesgemäßen Bedienung (Hausdame, Koch/Köchin, Butler, etc.)
d) Personen die zur Pflege erforderlich sind (Pflegepersonal)

Diese Aufzählung ist nicht abschließend. Die Rechtsprechung hat entwickelt, dass der Begriff „Familie“ im § 1093 Abs. 2 BGB nicht zu eng auszulegen ist. Hierzu weitere Ausführungen unter Pkt. 4.9. Den Beschreibungen des Gesetzes ist zu entnehmen, dass durch die Eintragung eines Wohnungsrechtes in das Grundbuch wesentlich mehr Personen die Wohnung nutzen können, als im Grundbuch als Berechtigte eingetragen sind. Voraussetzung ist, die Wohnung bietet für alle Nutzer genügend Platz.

4. 8 Tod eines Elternteils (Anteilsverhältnis / Beteiligungsverhältnis)

Was passiert, wenn ein Elternteil der Mustermanns verstorben ist, steht dem längstlebenden Elternteil die Wohnung alleine zu?
Zu einem überwiegenden Teil wird für Eltern oder andere Berechtigte ein Wohnungsrecht im Beteiligungsverhältnis „als Gesamtberechtigte gemäß § 428 BGB“ (Gesamtgläubiger) im Grundbuch eingetragen. Die Gesamtgläubigerstellung beinhaltet für die Eltern folgende Regelung:

„… mehrere Gläubiger (hier die Eltern) können jeder (jeder Elternteil) die ganze Leistung (Nutzung der Wohnung) fordern, die der Schuldner (Tochter) nur einmal bewirken (zur Verfügung stellen) muss. Der Schuldner (Tochter) kann nach seinem Belieben an jeden der Gläubiger (Wahlweise an einen Elternteil) leisten …“

Die Tochter stellt die Wohnung zur Nutzung zur Verfügung und sie muss diese Leistung nur an einen Elternteil der Mustermanns leisten. Der Elternteil, der die Leistung erhalten hat, muss diese

Leistung an den anderen Elternteil weitergeben[105]. Im Umkehrschluss bedeutet die Gesamtgläubigerstellung für die Eltern, verstirbt nun ein Elternteil, so kann der Andere das Wohnungsrecht allein nutzen. Das Wohnungsrecht ist für den Verstorbenen kraft Gesetzes erloschen[106]. Die rechtliche Stellung des längstlebenden Elternteils wird nicht berührt. Rechtsfolge für die Beteiligten:

„Der Längstlebende kann das Wohnungsrecht bis zu seinem Tode allein nutzen."

Die meisten Notare nehmen in den notariellen Urkunden direkt folgende Formulierung auf:

„...der Längstlebende kann das Wohnungsrecht alleine nutzen..."

Mit dieser Formulierung werden alle Unsicherheiten, sowohl auf der Seite der Eltern als auch auf der Seite der Tochter ausgemerzt.

4. 9 Nutzung der Wohnung durch den Lebensgefährten

Darf der längstlebende Elternteil einen Lebensgefährten/in mit in der Wohnung wohnen lassen?
Mit dieser Fragestellung hat sich der BGH[107] bereits im Jahr 1982 befasst und entschieden, dass eine Lebensgefährtin / Lebensgefährte das Wohnungsrecht mit nutzen darf. Der BGH führt aus, dass der Begriff „Familienmitglieder" nicht nach dem juristisch engen Familienbegriff auszulegen ist. Beim Wohnungsrecht ist der

105 § 430 BGB Ausgleichspflicht der Gesamtgläubiger

106 §§ 1093, 1090, 1061 BGB Tod des Nießbrauchers, ist auch anwendbar auf den Tod des Wohnungsrechtsberechtigten

107 Bundesgerichtshof – Urteil, Neue juristische Wochenzeitung (NJW) 1982, Seite 1868

Begriff „Familie" wie im allgemeinen Sprachgebrauch zu verstehen und setzt keine Unterhaltspflichten voraus. In der heutigen Zeit ist es ein Allgemeingut, dass ein/e Witwe/r sich für seine/n letzten Lebensabschnitt eine/n Lebensgefährten/in zur Bestreitung des gemeinsamen Lebensabends sucht. Hierin spiegelt sich die derzeitige Lebensauffassung der Gesellschaft wider. Darüber hinaus muss die Lebenspartnerschaft auf Dauer angelegt sein. Ist dies der Fall, dann sind die Bedingungen für den neuen „Lebenspartner / -gefährten" erfüllt, dass diese/r das Wohnungsrecht mit nutzen darf. Die Nutzung des Wohnungsrechts ist für den Lebensgefährten begrenzt, sie endet mit dem Tod des Berechtigten, mithin mit dem Tod des längstlebenden Elternteils der Mustermanns!
Der Lebensgefährte, dem kein eigenes eingetragenes Wohnungsrecht zusteht, ist nicht berechtigt die Wohnung weiter zu nutzen, er muss nach dem Tod des Längstlebenden aus den Wohnrechtsräumen ausziehen.
Muss der längstlebende Elternteil in ein Alten- und Pflegeheim umziehen, so kann der Lebenspartner die Wohnrechtsräume weiter nutzen[108]. Der Längstlebende ist ja nicht verstorben (dann wäre das Wohnungsrecht erloschen), sondern er wird lediglich in einem Alten- und Pflegeheim versorgt.

4. 10 Vermietung der Wohnung

Dürfen die Eltern Mustermann die Wohnung vermieten?
Die Eltern Mustermann haben eine Finka an der spanischen Mittelmeerküste erworben und sind aufgrund der besseren klimatischen Verhältnisse nach Spanien ausgewandert. Die Eltern gehen davon aus, dass sie die Räumlichkeiten des Wohnungsrechts vermieten und die Mieteinnahmen zur Begleichung ihres Lebensunterhalts nutzen können.

108 Grüneberg, 82. Auflage, RdNr. 12 zu § 1093 BGB

Dem ist nicht so! Grundsätzlich erhalten die Eltern, aus der Bestellung des Wohnungsrechtes heraus nicht die Berechtigung die Räumlichkeiten des Wohnungsrechtes zu vermieten und den Mietzins (Mieteinnahmen) für sich zu verwerten. Bei dem Wohnungsrecht handelt es sich um ein höchstpersönliches Recht. Der Eigentümer (Tochter) hat sich die Berechtigten (Eltern), mit denen er das Haus teilen möchte, ausgesucht. Aus dieser Konstellation heraus steht den Eltern nicht das Recht zu, das höchstpersönliche – mit dem Eigentümer (Tochter) vereinbarte – Wohnungsrecht auf einen Dritten (Mieter) zu übertragen.
An dieser Stelle kommt eine bekannte Wortwahl der Juristen zur Anwendung.

„…grundsätzlich nicht, aber …!“

Bei der Vermietung der Räumlichkeiten des Wohnungsrechts ist die Formulierung gut anwendbar. Grundsätzlich steht den Eltern Mustermann die Möglichkeit der Vermietung nicht zu. Aber, hat der Eigentümer (Tochter) den Berechtigten (Eltern) die Vermietung ausdrücklich im notariellen Vertrag zugestanden, dann können die Berechtigten (Eltern) die Wohnung auch vermieten[109].
Einigen sich die Vertragsparteien auf die Gestattung der Vermietung, dann ist bei der Gestaltung des Mietvertrags mit einem Dritten darauf zu achten, dass vereinbart wird, dass

„das Mietverhältnis mit dem Tod
des längstlebenden Elternteils endet“.

Fehlt es an dieser vertraglichen Regelung, so ist die Tochter nach dem Ableben der Eltern verpflichtet, das Mietverhältnis fortzuführen, vgl. § 566 BGB.
Von der vertraglichen Gestattung zur Begründung eines Mietverhältnisses, sollten Tochter und Eltern Mustermann Abstand

---

109 BGH – Urteil, DNotZ 1990, 502

nehmen. Auch bei dieser vertraglichen Bestimmung kann es bei der Bewertung des Vermögens der Eltern Mustermann durch den Sozialhilfeträger (bei Eintritt des Notbedarfs) dazu kommen, dass die Mieteinnahmen zur Begleichung eventueller Heimpflegekosten eingesetzt werden müssen.
Aus diesem Grund ist von der Möglichkeit „Gestattung zur Begründung eines Mietverhältnisses“ abzuraten!

4. 11 Übertragbarkeit des Wohnungsrechts

Können die Eltern das Wohnungsrecht auf einen Dritten (z.B. den Sohn der Mustermanns) übertragen? Hier ein eindeutiges „Nein“! Der Gesetzgeber weist in § 1092 Abs. 1 BGB darauf hin, dass ein Wohnungsrecht nicht übertragbar ist. Darüber hinaus hat der Gesetzgeber über die Verweisungskette §§ 1093,1090,1061 BGB bestimmt, dass das Wohnungsrecht auch nicht vererblich ist[110].
Der Gesetzgeber bietet den Vertragsparteien die Möglichkeit einer *Überlassung des Wohnungsrechts an Dritte* an, jedoch nur, wenn die Überlassung vertraglich vereinbart wurde. Weitere Ausführungen s.o. unter 4.10. „Vermietung der Wohnung“.

4. 12 Bedingung / Befristung des Wohnungsrechts

Für die Vertragsparteien besteht die Möglichkeit, für das Wohnungsrecht eine Bedingung[111] oder Befristung[112] zu vereinbaren[113]. Mit der

110 Grüneberg, 82 Auflage, RdNr. 17 zu § 1093 und RdNr. 1 zu § 1061 BGB (unvererblich)

111 § 158 BGB aufschiebende und auflösende Bedingung

112 § 163 BGB Zeitbestimmung

113 Schöner / Stöber, Handbuch der Rechtspraxis Grundbuchrecht, 16. Auflage, RdNr. 1261

Folge, dass das Recht beim Eintritt der entsprechenden Bedingung oder Befristung erlischt.
Nachfolgend sind einige Bedingungen und Befristungen aufgeführt:

> Aufschiebende Bedingung
> „... mit Vollendung des 18. Lebensjahrs steht Erwin das alleinige Wohnungsrecht in der Wohnung A zu ...“
>
> Auflösende Bedingung
> „... übt der Berechtigte das Wohnungsrecht über ein Jahr nicht aus, so erlischt es...“
>
> Aufschiebende Befristung
> „... dem Berechtigten steht das Wohnungsrecht mit Wirkung vom 01.01.2025 zu...“
>
> Auflösende Befristung
> „... dem Berechtigten steht das Wohnungsrecht bis zum 31.12.2025 zu...“

Bei der Bestellung des Wohnungsrechts für die Eltern Mustermann sollte darauf geachtet werden, dass eine „auflösende Bedingung“ vereinbart wird. Mit dieser auflösenden Bedingung können die Mustermanns einer etwaigen Kapitalisierung des Wohnungsrechts durch den Sozialhilfeträger (bei Eintritt des Notbedarfs) vorbeugen. Bei der Bestellung der auflösenden Bedingung ist darauf zu achten, dass diese allgemein formuliert wird, z.B.

> *„... übt der Wohnungsberechtigte das Wohnungsrecht über ein Jahr nicht aus, so erlischt es...“*

Mit dieser Formulierung wird erreicht, dass das Wohnungsrecht für den jeweiligen Elternteil Mustermann erlischt, wenn dieser sich über einen Zeitraum von einem Jahr nicht in der Wohnung aufhält.

Hierbei spielt es keine Rolle, ob der jeweilige Elternteil aufgrund einer Scheidung, einer Auswanderung nach Spanien oder eines Umzuges in ein Alten- und Pflegeheim die Wohnung verlässt. Das Recht erlischt, wenn es für den vereinbarten Zeitraum nicht genutzt wird.
Durch die Vertragsparteien könnte die auflösende Bedingung enger gefasst werden. Bei einer entsprechend eng gefassten Bedingung besteht die Gefahr, dass diese nichtig[114] ist.

> „... muss der Berechtigte in ein Alten- oder Pflegeheim umziehen und ist seit dem Tag des Umzugs ein Jahr vergangen, so erlischt das Recht..."

Mit dieser auflösenden Bedingung soll dem Sozialhilfeträger – bei Eintritt des Notbedarfs – die Möglichkeit genommen werden, das Wohnungsrecht über ein Jahr hinaus zu kapitalisieren.
Die Bedingung ist speziell für einen Lebenssachverhalt vereinbart worden „Umzug eines Elternteils in ein Alten- und Pflegeheim". Darüber hinaus soll die Bedingung die Mustermanns auch vor der Zuzahlung zu den Heimpflegekosten für den betroffenen Elternteil schützen. Hier ist offensichtlich, dass die Bedingung zum Nachteil eines Dritten vereinbart worden ist. Dritter ist der Sozialhilfeträger, diesem sollen durch die vereinbarte Bedingung Nachteile erwachsen (Zahlung der gesamten Heimpflegekosten), die der Gesetzgeber nicht dulden kann. Die Vereinbarung verstößt somit gegen die „Guten Sitten"[115] und ist aus diesem Grunde eine nichtige Vereinbarung. Mit der Folge, dass die vollständige Bedingung von Anfang an entfällt und dass das Recht ohne die auflösende Bedingung weiter bestehen bleibt.

114 Nichtigkeit = eine Willenserklärung (enge auflösende Bedingung) hat so schwere rechtliche Mängel, dass der Gesetzgeber ihr von Anfang an keine Rechtswirkungen zugesteht. Die Nichtigkeit besteht von Anfang an („ex tunc"), und zwar unabhängig vom Willen der Beteiligten und wirkt gegen jedermann.

115 § 138 BGB Sittenwidriges Rechtsgeschäft

Der Sozialhilfeträger kann nach Feststellung der Nichtigkeit das Wohnrecht so lange kapitalisieren, wie es für den Aufenthalt des Elternteils im Alten- und Pflegeheim notwendig ist.
Mit der weiter gefassten auflösenden Bedingung erzielen die Mustermanns den gewünschten Erfolg. Bei der weiter gefassten Bedingung wird nicht nur ein Lebenssachverhalt erfasst, sondern mehrere. Die Bedingung ist nicht nur zum Nachteil einer Person, sondern zum Nachteil für mehrere Personen, damit ist sie nicht „zum Nachteil eines Dritten" sondern zum Nachteil mehrerer Dritter und somit wirksam[116].
Weitere Ausführungen zu diesem Thema im **V** Kapitel.

Hinweis:
Gehen wir davon aus, dass der längstlebende Elternteil aus gesundheitlichen Gründen in ein Alten- und Pflegeheim umziehen muss. Dort lebt er/sie noch fünf Jahre. Darüber hinaus haben die Eltern Mustermann mit ihrer Tochter keine auflösende Befristung „...übt der Wohnungsberechtigte das Wohnungsrecht über ein Jahr nicht aus, erlischt es..." vereinbart. Bei diesem Sachverhalt käme es für die Tochter zu folgender Konstellation. Die Tochter müsste die Wohnung bis zum Tod des längstlebenden Elternteils vorhalten / zur Verfügung stellen. Juristisch könnte die Chance bestehen, dass der längstlebende Elternteil noch einmal in die Wohnrechtsräume zurückkehren kann[117].
Folge für die Tochter: Sie kann die Räume, die mit dem Wohnungsrecht belastet sind, grundsätzlich nicht nutzen.
Ist eine auflösende Bedingung vereinbart worden, dann kann die Tochter die Räumlichkeiten für sich nutzen.

116 Grüneberg RdNr. 18 zu § 1093 BGB
117 Grüneberg RdNr. 19 zu § 1093 BGB

4. 12. 1 Der Löschungserleichterungsvermerk als zusätzliche Vereinbarung zum Wohnungsrecht

Im Zusammenhang mit dem Wohnungsrecht soll an dieser Stelle der Löschungserleichterungsvermerk gemäß § 23 Abs. 2 Grundbuchordnung (GBO)

„*Löschung eines auf Lebenszeit des Berechtigten beschränkten Rechts*“

vorgestellt werden.
Dieser Vermerk stellt einen Vorteil für die Tochter dar. Das Wohnungsrecht ist für die Eltern Mustermann, als Recht auf die Lebenszeit ausgestaltet. Das Recht erlischt kraft Gesetzes mit dem Tod des jeweiligen Elternteils für diesen[118]. Der Gesetzgeber hat an die *Löschung eines im Grundbuch auf die Lebenszeit eines Berechtigten* (Elternteils) bestellten Rechts Anforderungen geknüpft. § 23 Abs. 1 GBO besagt, dass ein Recht, welches auf die Lebenszeit eines Berechtigten bestellt wurde <u>und</u> bei dem rückständige Leistungen[119] nicht ausgeschlossen werden können, nur gelöscht werden darf, wenn:

- die Rechtsnachfolger des Berechtigten (Erben des Berechtigten) dieser Löschung in einer notariellen Urkunde[120] zugestimmt haben, oder
- nach dem Tod des Berechtigten bereits 1 Jahr vergangen ist, oder
- ein Löschungserleiterungsvermerk gemäß § 23 Abs. 2 GBO im Grundbuch eingetragen wurde.

118 §§ 1093, 1090, 1061 BGB

119 Schöner / Stöber, Handbuch der Rechtspraxis Grundbuchrecht, 16. Auflage, RdNr. 1269 und 1270

120 Die Löschungsbewilligung muss vor einem Notar in einer Urkunde erklärt werden, §§ 23 Abs.1, 19, 29 GBO

4. 12. 2 Rückständige Leistungen

Die rückständigen Leistungen sollen anhand eines Beispiels verdeutlicht werden.

Beispiel:

„… Die Eltern haben der Tochter den Einbau einer neuen Heizungsanlage vorfinanziert, bis dato hat die Tochter den Betrag noch nicht an die Eltern zurückgezahlt. Beide Elternteile sind verstorben… “

Dieser Rückzahlungsanspruch stellt eine „rückständige Leistung“ im Sinne des § 23 Abs. 1 GBO dar.

4. 12. 3 Geltendmachung der rückständigen Leistungen

Der Gesetzgeber möchte den Erben (Rechtsnachfolger) für ein Jahr die Möglichkeit geben diesen Zahlungsanspruch gegenüber dem Eigentümer (Tochter) durchsetzen zu können (ggf. Klage vor einem Zivilgericht). Haben die Erben diesen Anspruch innerhalb eines Jahres nach dem Tod des Berechtigten (Elternteils) nicht verfolgt, so ist diese Nachlässigkeit den Erben zuzurechnen. Der Schutz des Gesetzgebers ist dann verstrichen.

4. 12. 4 Vorteil eines Löschungserleichterungsvermerks für die Tochter

Beispiel:

„... beide Elternteile sind verstorben und die Tochter muss das Hausgrundstück zwei Monate nach dem Tod des längstlebenden Elternteils verkaufen.

Ein Käufer ist gefunden. Dieser möchte das Hausgrundstück nur erwerben, wenn das Wohnungsrecht der Eltern vorher im Grundbuch gelöscht wird…"

Welche Möglichkeiten hat die Tochter um das Wohnungsrecht löschen zu lassen?
Nach § 23 Abs.1 GBO kann das auf die Lebenszeit vereinbarte Wohnungsrecht nur gelöscht werden, wenn nach dem Tod des längstlebenden Elternteils ein Jahr vergangen ist.
Dies ist in unserem Beispiel nicht der Fall. Die Tochter kann das Hausgrundstück aber nur verkaufen, wenn das Recht vorher gelöscht wird. Ihr bleibt nur die Möglichkeit, alle Erben des längstlebenden Elternteils zu bitten, in einer kostenpflichtigen notariellen Urkunde, die Löschung des Wohnungsrechts zu bewilligen.
Weigert sich einer der Erben diese Erklärung abzugeben, so muss die Tochter die Jahresfrist abwarten und kann im Anschluss selbst den Antrag an das Grundbuchamt „Löschung des Wohnungsrechts"[121] stellen.
Um dieser gesamten Problematik aus dem Wege zu gehen und dem Eigentümer ein schnelleres Handeln zu ermöglichen, können die Vertragsbeteiligten den Löschungserleiterungsvermerk an dem Wohnungsrecht im Grundbuch vereinbaren.
Mit dieser Vereinbarung hat die Tochter die Möglichkeit für jeden Elternteil das Wohnungsrecht im Grundbuch direkt nach dem Tod des jeweiligen Elternteils löschen zu lassen. Hierzu benötigt die Tochter einen Nachweis über den Tod des Berechtigten (Sterbeurkunde des Elternteils). Die Tochter kann zusammen mit der Sterbeurkunde und einen formlosen schriftlichen Antrag (Antrag auf Löschung des Wohnungsrechts in einfacher Schriftform) an das Grundbuch, das Recht für den Elternteil löschen lassen[122]. Dieser

121 Grüneberg, 82. Auflage RdNr. 1 und 4 zu § 894 BGB (unter Beifügung der Sterbeurkunde des Berechtigten)

122 §§ 13 GBO Antrag des Eigentümers; § 22 GBO Berichtigung des Grundbuches bei Unrichtigkeit, i.V.m. § 23 Abs. 2 GBO Ausnutzung des Löschungserleichterungsvermerks

Vermerk bietet der Tochter die Möglichkeit schnell, unkompliziert und ohne kostenpflichtige Beteiligung eines Notars das Grundbuch zu aktualisieren[123].

Die Formulierung des Löschungserleichterungsvermerks im Grundbuchblatt lautet:

„...Löschbar bei Todesnachweis...“

4. 13 Bewertung des Wohnungsrechts

Hinsichtlich der Familiensituation der Mustermanns (Zwei Generationen wollen in einem Haus wohnen)

Warum wird das Wohnungsrecht so ausgiebig und detailliert in diesem Buch behandelt?

Aus der gerichtlichen Praxis heraus ist bekannt, dass das Wohnungsrecht das ideale Recht für die Eltern ist, das Wohnen in dem auf die Tochter übertragenem Haus abzusichern.

Das Wohnungsrecht bietet den Vertragsparteien viele Gestaltungsmöglichkeiten, so dass die jeweilige Familiensituation gut berücksichtigt werden kann. Des Weiteren ist ein Wohnungsrecht nicht so problematisch bei der Finanzierung eines Baukredites. Eine Kapitalisierung des Wohnungsrechts durch den Sozialhilfeträger ist beim Vorliegen des Notbedarfs aufgrund der ständigen Rechtssprechung des Bundesgerichtshofs[124] kaum möglich. Mit dem Wohnungsrecht können die Bedürfnisse der Eltern hinsichtlich des Wohnens ideal berücksichtigt werden. Weitere Ausführungen zur Kapitalisierung des Wohnungsrechts im **V**. Kapitel.

123 Für die Löschung des Rechtes erhebt das Grundbuchamt eine Festgebühr von 25,- Euro, vgl. Gerichts- und Notarkostengesetz (GNotKG) dort die Kostverzeichnisnummer (KV-Nr.:) 14143 „Löschung eines sonstigen Rechts“

124 BGH – Urteil vom 19.01.2007 – V ZR 163/06; OLG Hamm, Urteil vom 17.09.2007 – 5 U – 80/07

4. 14 Fazit zum Wohnungsrecht

Aus der gerichtlichen Praxis und aufgrund der vorliegenden Grundsatzurteile, kann den Eltern Mustermann ein Wohnungsrecht mit folgendem Inhalt empfohlen werden:

- Inhalt des Wohnungsrechts
  - * Genaue Beschreibung der Räumlichkeiten (Zeichnung beifügen)
  - * Benennung der gemeinschaftlichen Anlagen und Einrichtungen
  - * Regelung zur Nutzung des Gartens
  - * Regelung zur Nutzung einer Garage / Pkw - Stellplatz
  - * Regelung zur Nutzung eines separaten Kellerraums
- Ausschluss der Vermietung durch die Eltern
- Auflösende Bedingung des Rechts bei einjähriger Nichtausübung durch die Eltern
- Eltern tragen die privaten Kosten des Wohnungsrechts
- Löschungserleichterungsvermerk

Hinweis:
Ein Wohnungsrecht für die Eltern kann auch an dem gesamten Hausgrundstück verdinglicht[125] werden (Vgl. beschriebene Situation auf der Seite 50).
Unterliegt das gesamte Hausgrundstück dem Wohnungsrecht[126], dann müssen die Kinder (die jetzt Eigentümer des Hausgrundstücks sind), wenn sie zu Besuch kommen, an der Tür klingeln. Die Kinder können nicht ohne Zustimmung der Eltern das Hausgrundstück/die Immobilie betreten. Es gilt auch hier, für das gesamte Hausgrundstück

125 Im Grundbuch eingetragen werden

126 § 1093 Absatz I Satz 1, 1. Alternative BGB

„...unter Ausschluss des Eigentümers..."

Hinsichtlich der Kostentragungspflicht müssen sich die Kinder mit den Eltern verständigen, welche Partei welche Kosten trägt.
Nach außen hin bekommt niemand mit, wenn das Hausgrundstück auf die Kinder übertragen wurde. Denn die Eltern leben ja weiterhin alleine in dem übertragenen Hausgrundstück. Ihr „Wohnen" ist durch ein Wohnungsrecht am gesamten Hausgrundstück abgesichert und im Grundbuch eingetragen.

Hinweis:
Haben sich die Eltern Mustermann an der gesamten Immobilie ein Wohnungsrecht eintragen lassen (verdinglicht), dann kann an diesem Recht kein Löschungserleichterungsvermerk gemäß § 23 Abs. 2 GBO eingetragen werden. Hier geht die Rechtsprechung davon aus, dass rückständige Leistungen nicht erwartbar sind[127].

5. Dauerwohnrecht § 31 Wohnungseigentumsgesetz (WEG)

5. 1 Allgemeines

Dem Dauerwohnrecht wird in der täglichen Rechtspraxis nur geringe Beachtung geschenkt, da es für den jeweiligen Eigentümer mehr oder weniger den Verlust der Wohnung bedeutet. Der Eigentümer kann nur noch in geringem Maße Einfluss auf die Wohnung nehmen. Die Definition des Dauerwohnrechtes gemäß § 31 WEG[128] ähnelt der des Wohnungsrechtes gemäß § 1093 BGB.

127 Schöner/Stöber, Grundbuchrecht, 16. Auflage, RdNr. 1270 am Ende

128 WEG = Wohnungseigentumsgesetz

„…Ein Grundstück kann in der Weise belastet werden, dass derjenige, zu dessen Gunsten die Belastung erfolgt, berechtigt ist, unter Ausschluss des Eigentümers eine bestimmte Wohnung in einem auf dem Grundstück errichteten oder zu errichtenden Gebäude zu bewohnen oder in anderer Weise zu nutzen (Dauerwohnrecht)… "

5. 2 Wirkung des Dauerwohnrechts

Der wesentliche Unterschied zum Wohnungsrecht findet sich im § 33 Abs. 1 WEG, das Dauerwohnrecht ist ein **veräußerliches** und **vererbliches** Recht. Für den Eigentümer (Tochter) bedeutet diese Regelung, dass die Berechtigten (Eltern) das Dauerwohnrecht verkaufen können oder an ihren Sohn vererben können. Schon allein aus dieser Konstellation heraus ist ein Dauerwohnrecht für die Tochter ein unkalkulierbares Wagnis.

5. 3 Bewertung des Dauerwohnrechts

Das Dauerwohnrecht hat eine stärkere rechtliche Stellung als ein Nießbrauchrecht. Es tendiert näher zum Eigentumsrecht hin. Das Nießbrauchrecht bietet dem Berechtigten die Stellung eines „Fast – Eigentümers", ihm stehen bis auf die Veräußerung und Belastung des Grundstücks alle Rechte zu. Beim Dauerwohnrecht werden die rechtlichen Möglichkeiten des Berechtigten noch ausgeweitet, ihm stehen sogar die Rechte „Veräußern"[129] und „Vererben" zu!

---

129 Veräußern = Verkauf, Schenkung

5. 4 Fazit zum Dauerwohnrecht

Das Dauerwohnungsrecht ist ein sehr weitreichendes Recht, welches auf unsere Fallgestaltung nicht anwendbar ist. Weitere Ausführungen zu diesem Recht sollen hier nicht erfolgen, da das Dauerwohnrecht – wie oben bereits erwähnt – in der gerichtlichen Praxis kaum Anwendung findet.

6. Altenteil (Leibgedinge) § 96 EGBGB Art. 96; § 49 GBO

6. 1 Allgemeines

Das Altenteil ist in keinem Gesetz eindeutig beschrieben. Der Begriff wird jedoch in mehreren Vorschriften verwendet[130]. Das Altenteil ist kein eigenständiges Recht im juristischen Sinne[131], sondern die Bündelung von Einzelrechten (beschränkte persönliche Dienstbarkeit, Reallast, Nießbrauch) unter einem Oberbegriff.

Altenteil
(Oberbegriff)

↗ ↑ ↖

Wohnungsrecht	**Reallast**	**Nießbrauch**
(§§ 1093 ff. BGB)	(§§ 1105 ff. BGB)	(§§ 1030 ff. BGB)

130 EGBGB Art. 96 (Artikel 96 des Einführungsgesetzes zum Bürgerlichen Gesetzbuch); § 49 GBO (Grundbuchordnung), §§ 10, 15 GBV (Grundbuchverfügung); 10a. Preußisches Ausführungsgesetz zum Bürgerlichen Gesetzbuch vom 20.09.1899

131 Schöner / Stöber, Handbuch der Rechtspraxis Grundbuchrecht, 16. Auflage, RdNr. 1324

Grundsätzlich können für einen Berechtigten (Elternteil) mehrere Rechte im Grundbuch eingetragen werden, z.B. für jeden Elternteil sollen zwei Rechte im Grundbuch verdinglicht[132] werden (Wohnungsrecht, Reallast[133]). Im Grundbuch sind nun für die Eltern insgesamt vier Rechte (je zwei Rechte für den Vater und je zwei Rechte für die Mutter) eingetragen. Kommen nun noch weitere Rechte für Dritte hinzu (ein Wegerecht für den Nachbarn oder ein Leitungsrecht für die Stadt), so kann das Grundbuch schnell unübersichtlich werden. Aus diesem Grund und zur Erleichterung der Führung des Grundbuches bietet § 49 GBO die Möglichkeit, mehrere Rechte, die die Versorgung des Berechtigten (Elternteils) auf die Lebenszeit sichern, unter dem Oberbegriff des „Altenteils“ zusammenzufassen. § 49 GBO stellt hier eine Ausnahme im System der dinglichen Rechte dar[134].

6. 2 Ausgestaltung des Altenteils

Wie eingangs erwähnt, besteht die Möglichkeit, die Versorgung auf die Lebenszeit der Eltern Mustermann mit mehreren Rechten im Grundbuch abzusichern.

Zum Beispiel:

- **Wohnungsrecht**: Wohnen in dem übertragenen Hausgrundstück (abgetrennte Wohnung)
- **Reallast**: Monatliche Rente, die die Tochter an die Eltern zahlen muss

132 Verdinglicht = Eintragung im Grundbuch, die Rechte gelten auch gegen den Rechtsnachfolger (z.B. neuer Eigentümer, Erben des Eigentümers)

133 Die Reallast ist ein weiteres dingliches Recht, welches für die Eltern im Grundbuch eingetragen werden kann, vgl. § 1105 BGB. Die Reallast sichert im Grundbuch Ansprüche die wiederkehrenden Charakter besitzen (z.B. monatliche Rente, jährliches Heckeschneiden, etc.)

134 BGH – Urteil, DNotZ 1979 Seite 499

- **Reallast:** Hege und Pflege sowie Beköstigung der Eltern durch die Tochter

Diese unterschiedlich ausgestalteten Einzelrechte fasst man nun unter dem Oberbegriff „Altenteil“ zusammen und trägt diese unter dem Schlagwort (Oberbegriff) ins Grundbuch ein. Alle Einzelrechte sind grundbuchrechtlich für die Eltern Mustermann unter dem Begriff „Altenteil“ abgesichert.
Da das Altenteil kein Recht im eigentlichen juristischen Sinne ist, muss jedes Einzelrecht nach den Vorschriften des jeweiligen Rechts ausgestaltet und abgefasst werden.
Für das „Wohnen“ müssen die Vorschriften des Wohnungsrechts §§ 1093 ff.[135] BGB, für die „monatliche Rente“ die Vorschriften der Reallast §§ 1105 ff. BGB und für die „Hege und Pflege“ ebenfalls die Vorschriften der Reallast herangezogen werden.

6. 3 Sinn und Zweck des Altenteils

Das Altenteil wurde ursprünglich bei der Übertragung von Höfen nach der Höfeordnung für den Altlandwirt und dessen Frau im Hofgrundbuch eingetragen[136]. Dieses Recht sollte dem Altlandwirt und dessen Frau die weitere allgemeine und persönliche Versorgung aus den Erträgen des Hofes sichern. Durch die Übertragung des Hofes an den/die Junglandwirt/Junglandwirtin ist für den Altlandwirt, der die Versorgung seiner Familie durch die Bewirtschaftung des Hofes bestritten hat, die wirtschaftliche Existenz (Erwerbshof) weggefallen. Der Altlandwirt muss sich, vor der Übergabe des Hofes an den/die Junglandwirt/Junglandwirtin, seinen Lebensunterhalt sichern. Als Möglichkeit der Absicherung des Lebensunterhalts im Grundbuch steht ihm das „Altenteil“ zur Verfügung.

135 ff. = fortfolgende

136 Vergleich § 14 Absatz 2 Höfeordnung (HöfO)

Mit diesem Recht kann er sich das Wohnen auf dem Hof sowie die Hege und Pflege in gesunden und kranken Tagen sichern. Des Weiteren kann er mit dem/der Junglandwirt/Junglandwirtin eine monatliche Rente zur Bestreitung seines Unterhalts vereinbaren, die der/die Junglandwirt/Junglandwirtin aus den Erträgen des Hofes an den Altlandwirt zahlen muss[137].
Aus der gerichtlichen Praxis ist bekannt, dass die Generation der Nachkriegslandwirte nur sehr geringe Beträge in die landwirtschaftlichen Rentenkassen eingezahlt haben, so dass den Landwirten bei Erreichung des Rentenalters eine sehr geringe Rente gezahlt wird, mit der sie ihren Lebensunterhalt kaum bis gar nicht bestreiten können. Die Landwirte sind somit auf die Unterstützung des/der Junglandwirtes/Junglandwirtin angewiesen und zur Sicherheit des Altlandwirtes wird in entsprechenden Fällen im Grundbuch ein Altenteil verdinglicht (eingetragen).

6. 4 Anwendbarkeit des Altenteils auf den Fall

(Zwei Generationen wollen in einem Haus wohnen)

Aus der Kommentierung zum Altenteil ergibt sich, dass die Übertragung eines Grundstücks an die Tochter und die dadurch eventuell entfallene wirtschaftliche Existenz der Eltern in keinem Zusammenhang stehen müssen. Aus diesem Grund lässt die Rechtssprechung auch bei einer „reinen Hausübertragung[138]“ ein Altenteil zur Absicherung der Eltern im Grundbuch zu[139].

137 Diese Vereinbarung ist eine Reallast, die monatliche Rente wird aus den Erträgen des Erwerbshofs gezahlt und im Grundbuch verdinglicht. Wird die Rente nicht gezahlt, so steht dem Altlandwirt aus der Reallast heraus das Recht zu, die Zwangsversteigerung des Hofes zu betreiben.

138 Übertragung eines Hausgrundstücks

139 Schöner / Stöber, Handbuch der Rechtspraxis Grundbuchrecht, 16. Auflage, RdNr. 1325

Bis zum 31.12.1994 wurde sehr häufig die Kombination, „Hausübertragung auf ein Kind“ und „Eintragung eines Altenteils für die Eltern“ im Grundbuch gewählt. Mit Einführung der Pflegeversicherung zum 01.01.1995 und der Umsetzung der gesetzlichen Bestimmungen der Pflegeversicherung hat sich sehr schnell gezeigt, dass ein im Grundbuch für die Eltern eingetragenes Altenteil, negative Auswirkungen für das Kind haben kann, welches das Hausgrundstück übernommen hat. Haben Tochter und Eltern Mustermann in ihrem Übertragungsvertrag eine Vereinbarung über die Hege und Pflege sowie die Beköstigung in gesunden und kranken Tagen der Eltern getroffen, so kann der Sozialhilfeträger bei Feststellung des Notbedarfs und bei der Notwendigkeit des Umzugs eines Elternteils in ein Alten- oder Pflegeheim, die ersparten Aufwendungen für die vereinbarten Natural- und Dienstleistungen kapitalisieren[140]. Das hat für die Tochter Mustermann zur Folge, dass sie aus dem eingetragenen Altenteil heraus einen monatlichen Betrag für die Heimpflegekosten des untergebrachten Elternteils zu tragen hat[141],[142].
Dieser nachteiligen Konstellation des Altenteils wird seit der Einführung der Pflegeversicherung im Jahr 1995 Rechnung getragen. In den seit 1995 errichteten Hausübertragungsverträgen werden Altenteile unter den Vertragsparteien nicht mehr vereinbart.
Hingegen werden in Hofübergabeverträgen nach der Höfeordnung noch Altenteile für den Altlandwirt vereinbart, diese sind jedoch dezidiert ausgestaltet.

6. 5 Fazit zum Altenteil

Der Familie Mustermann ist von der Eintragung eines Altenteils für die Eltern im Grundbuch, aufgrund der nicht kalkulierbaren Zahlungsverpflichtungen für die Tochter, abzuraten.

140 BGH – Urteil vom 21.09.2001 – V – ZR 14/01, NJW 2002, Seite 440,

141 BGH – Urteil vom 21.09.2001 – V – ZR 14/01, NJW 2002, Seite 440

142 BGH – Urteil vom 29.01.2010 – V – ZR 132/09

7. Wohnungseigentum nach dem Wohnungseigentums-Gesetz (WEG)

7. 1 Allgemeines

Das Wohnungseigentumsgesetz bietet die Möglichkeit, das Haus in mindestens zwei Eigentumswohnungen umzuwandeln[143]. Hierbei ist es unerheblich, ob das Haus senkrecht, in zwei Haushälften, oder waagerecht, in eine Erdgeschoss- und eine Obergeschosswohnung geteilt wird. Die Eigentümer können nach ihrem Belieben die Größen der Wohnungen gestalten. Durch die Umwandlung des Hauseigentums in Wohnungseigentum wird jede Eigentumswohnung rechtlich wie ein eigenständiges Haus behandelt. Aus diesem Grund wird für jede Eigentumswohnung ein separates Grundbuchblatt angelegt[144]. Nach der Umwandlung der Immobilie in Wohnungseigentum[145] besteht für den jeweiligen Eigentümer die Möglichkeit, jede Wohnung separat mit Grundschulden, Hypotheken, Wohnungsrechten, etc. zu belasten[146].

7. 2 Begründung von Wohnungseigentum

Dem Grundbuchamt sind zur Begründung von Wohnungseigentum folgende besonderen Unterlagen vorzulegen:

- Eine Bescheinigung der Bauaufsichtsbehörde über die Abgeschlossenheit jeder Wohnung[147]

143 § 1 Begriffsbestimmung Wohnungseigentumsgesetz (WEG)

144 § 7 Absatz 1 WEG Grundbuchvorschriften

145 Juristisch „Begründung von Wohnungseigentum"

146 § 5 Absatz 4 WEG; Aufnahme von Krediten

147 Abgeschlossenheit bedeutet: jede Wohnung hat eine separate Wohnungseingangstür und kann von anderen Wohnungen nicht betreten werden.

- Ein Aufteilungsplan über die einzelnen Eigentumswohnungen (ein Bauplan des Architekten), der von der Bauaufsichtsbehörde (ehemals Baupolizei) mit einem Siegelabdruck versehen sein muss[148].

- Eine notariell beglaubigte oder beurkundete Teilungserklärung[149] des Eigentümers

In der Teilungserklärung ist eine Zuordnung vorzunehmen, aus der ersichtlich ist, welche Räumlichkeiten zu welchen Wohnungen gehören. Weiterhin müssen Räume und Flächen, die der gemeinsamen Nutzung unterliegen, speziell gekennzeichnet werden. Darüber hinaus besteht die Möglichkeit, in der Teilungserklärung einer Wohnung bestimmte Räume und/oder Flächen zur gesonderten Nutzung zuzuordnen.
Damit die einzelnen Rechtsbegriffe des Wohnungseigentums besser zugeordnet werden können, hier die Erläuterungen:

7. 2. 1 Sondereigentum:

Unter Sondereigentum versteht man jede in sich abgeschlossene Wohnung mit separater Eingangstür, die im Aufteilungsplan mit einer entsprechenden Nummer gekennzeichnet werden muss (abgeschlossene Wohnung). Unter dem Begriff des Sondereigentums fallen laut Gesetz auch Garagen und Kellerräume, Gartenflächen zur eigenen Nutzung sowie Terrassen[150].

148 § 7 Absatz 4 WEG der Eintragungsbewilligung sind als Anlagen beizufügen der Aufteilungsplan und die Bescheinigung der Baubehörde über die Abgeschlossenheit der Einheiten

149 Teilungserklärung, ist die schriftlich niedergelegte Erklärung des Eigentümers, wie die Immobilie aufgeteilt wurde.

150 Nach der Änderung des Wohnungseigentumsgesetzes (WEG) zum 01.12.2020 jetzt möglich, insbesondere § 3 WEG

7. 2. 2 Gemeinschaftseigentum:

Mit Gemeinschaftseigentum werden Räume und/oder Flächen bezeichnet, die allen Wohnungseigentümern zur gemeinsamen Nutzung zur Verfügung stehen müssen. Hier ein paar Beispiele:

Gemeinsam genutzte **Räume:**
- Der gemeinsame Wäschekeller
- Der gemeinsame Trockenkeller
- Der gemeinsame Fahrradraum
- Die Haus- und Kellerflure
- Den Zentralheizungskellerraum

Gemeinsam genutzte **Flächen:**
- Der Vorgarten
- Der Weg zur Haustür
- Eine gemeinsam zu nutzende Gartenfläche

7. 2. 3 Sondernutzungsrecht:

Unter Sondernutzungsrechten werden Räume und/oder Flächen gefasst, die eigentlich allen Wohnungseigentümern zur gemeinsamen Nutzung zustehen (Gemeinschaftseigentum), aber aufgrund der Lage einen speziellen Nutzen für einen Wohnungseigentümer bieten, (die Hofeinfahrt vor der Garage der Wohnung Nr. 1). Würde die Hofeinfahrt nicht als Sondernutzungsrecht der Wohnung Nr. 1 zugeordnet, so könnte jeder andere Wohnungseigentümer die Hofeinfahrt als Parkplatz für seinen PKW nutzen und der Wohnungseigentümer Nr. 1 hätte keine freie Zufahrt zu seiner Garage. Um diesen speziellen Nutzungswünschen der einzelnen Wohnungseigentümer Rechnung tragen zu können, besteht die Möglichkeit einzelnen Wohnungen Sondernutzungsrechte[151] zuzuordnen.

7. 2. 4 Schematische Darstellung der Begriffe

Zur besseren Einordnung der einzelnen Begriffe, sind diese in einem vereinfachten Aufteilungsplan eines Zweifamilienhauses mit Garten, den jeweiligen Räumen und Flächen zugeordnet worden.

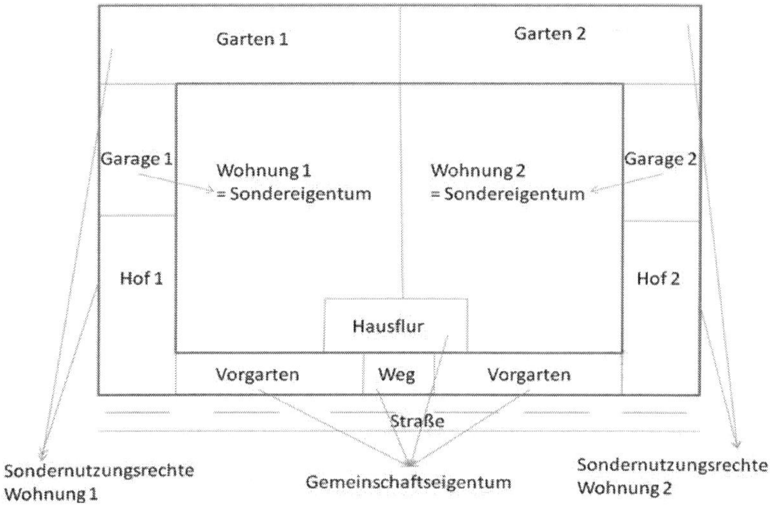

Hinweis:
Alle hier aufgeführten Sondernutzungsrechte können nach der Gesetzesreform auch als Sondereigentum verdinglicht werden.

151 Nach der Reform des Wohnungseigentumsgesetzes zum 01.01.2020, können nunmehr auch Bereiche, die sonst nur zu Sondernutzungsrechten umgewandelt werden konnten jetzt auch als Sondereigentum vereinbart werden.

7. 3 Anwendbarkeit des Wohnungseigentums auf den Fall

Zurück zum Fall der Mustermanns „Wohnen mit zwei Generationen in einem Haus“.
Haben die Eheleute Mustermann Wohnungseigentum begründet, dann können sie eine Wohnung der Tochter übertragen und die andere Wohnung würde den Eltern weiterhin zu alleinigen Nutzung zur Verfügung stehen. Die Eltern Mustermann bleiben weiterhin Eigentümer einer Wohnung, das bedeutet auch, dass die Eheleute Mustermann ihr komplettes Immobilienvermögen noch nicht übertragen haben. Diese Vorgehensweise kann sich beim Eintritt des Notbedarfs für einen der Eheleute negativ auswirken. Und zwar dann, wenn ein Ehegatte verstorben ist und der längstlebende Ehegatte in ein Alten- und Pflegeheim umziehen muss und die Pflegeheimkosten nicht durch Barmittel gedeckt sind. In diesem Fall muss die vorhandene Eigentumswohnung veräußert werden und der Veräußerungserlös muss im Anschluss für die Heimpflegekosten eingesetzt werden. Diese Problematik wird im **Kapitel V** noch detaillierter behandelt.

7. 4 Fazit zum Wohnungseigentum

Unter der Annahme, dass die Eltern Mustermann ihr Wohnen in der übertragenen Immobilie absichern wollen, gibt es bessere Rechte, wie das Wohnungseigentumsrecht. Mit dem Wohnungseigentum wird nicht nur das „Wohnen“ abgesichert, sondern die Eheleute bleiben auch weiterhin noch Eigentümer einer Wohnung. Mit allen Rechten und Pflichten, die eine Eigentumswohnung mit sich bringt, insbesondere die Pflicht zur Tragung der laufenden Kosten (Grundsteuer, Wohngebäudeversicherung, Reparaturkosten, Umlagen für die Eigentümergemeinschaft, etc.).

Aus steuerrechtlicher Sicht ist die Begründung von Wohnungseigentum nicht mehr so attraktiv, wie sie es vor der Aufhebung der Eigenheimzulage zum 31.12.2002 einmal war.
Im Falle des Eintritts des Notbedarfs (obiges Beispiel) besteht die Gefahr, dass die Eigentumswohnung für die Zahlung der Heimpflegekosten veräußert werden müsste. Diese Situation hätte auch für die Tochter zur Folge, dass diese ggf. mit fremden Personen in einem Haus wohnen müsste. Die andere Möglichkeit für die Tochter wäre, der Erwerb (Ankauf) der Wohnung der Eltern, fraglich sind in solchen Situationen die Finanzierbarkeit und die finanzielle Situation der Tochter.
Hingegen bietet die Begründung von Wohnungseigentum den Eltern die Möglichkeit, Sohn und Tochter jeweils eine Wohnung zu übertragen, z.B. zur Risikostreuung, wenn mehrere Immobilien vorhanden sind, oder wenn beide Kinder nicht mehr in der Immobilie wohnen. Bei der Auswahl dieses Rechtes ist, wie auch bei den anderen Rechten, die jeweilige Familiensituation zu berücksichtigen.
Für den Fall, dass „zwei Generationen in einem Haus wohnen wollen“, kann den Eheleuten Mustermann die Bildung von Wohnungseigentum nicht angeraten werden. Für die Mustermanns gibt es bessere Möglichkeiten das „Wohnen“ in der übertragenen Immobilie abzusichern.

8. Gesamtfazit zu Kapitel II und der Absicherungsmöglichkeit des „Wohnens für die Eltern Mustermann“

In diesem Kapitel sind sechs Möglichkeiten zur Absicherung des Wohnens in einer übertragenen Immobilie (Hausgrundstück) vorgestellt worden. Für die Eltern Mustermann besteht die Möglichkeit, unter Berücksichtigung ihrer persönlichen Familienverhältnisse, eines dieser Rechte für sich zu wählen und im Grundbuch eintragen zu lassen.

Empfehlung

Der Autor empfiehlt den Eltern Mustermann zur Absicherung des Wohnens im Grundbuch ein *„Wohnungsrecht gemäß § 1093 BGB“*. Dieses Recht bietet ein hohes Maß an Sicherheit für die Eltern wie auch für die Tochter. Im Hinblick auf die derzeitigen gesetzlichen Regelungen und der derzeitigen Rechtssprechung ist das Wohnungsrecht ideal.

Der Autor möchte seine Empfehlung jedoch nicht als Non plus Ultra verstanden wissen, es gibt mit Sicherheit Familiensituationen, in denen eines der anderen erläuterten Rechte in Betracht kommt. Bezogen auf Familie Mustermann, ist dieses Recht anzuraten.

KAPITEL III

Können sich die Eltern Mustermann im Grundbuch noch weitere Ansprüche absichern lassen?

Hier vorweg ein eindeutiges **„ja“**. Für die Eltern, besteht die Möglichkeit, sich vertraglich vereinbarte Rückforderungsansprüche im Grundbuch eintragen zu lassen. Das BGB bietet Ihnen hierfür das Sicherungsrecht der **Vormerkung**[152] an.

Um das Lesen dieses Kapitels zu vereinfachen und die vielfältigen juristischen Möglichkeiten einer Vormerkung darstellen zu können, bedarf es vorab der Erläuterung einiger juristischer Begriffe.

1. Allgemeine Erläuterungen zur Vormerkung

1. 1 Schuldrechtlicher Anspruch

Als schuldrechtliche Ansprüche werden von den Juristen u.a. diejenigen bezeichnet, die zwischen zwei Vertragsparteien in einem Vertrag vereinbart wurden. Hierbei ist es grundsätzlich unerheblich, ob der Vertrag schriftlich oder mündlich geschlossen wurde. Eine Ausnahme von der Regel stellt hier das Grundbuch dar. Alle Verträge, die im Zusammenhang mit Grundstücken geschlossen werden, bedürfen der notariellen Beurkundung oder der notariellen Beglaubigung[153].

Dabei wird der schuldrechtliche Anspruch auf der vertraglichen Ebene begründet und die Umsetzung des vertraglichen Anspruches erfolgt im Grundbuch (dingliche Ebene) durch Eintragung eines

152 § 883 BGB Voraussetzungen und Wirkung der Vormerkung

153 § 29 GBO in öffentlich beglaubigter oder beurkundeter Form

entsprechenden Rechtes für den Berechtigten (z.B. ein Wohnungsrecht für die Eheleute Mustermann).

1. 2 Dinglicher Anspruch

Einem dinglichen Anspruch geht grundsätzlich ein schuldrechtlicher Anspruch aus einem Vertragsverhältnis voraus, z. B. Eltern und Tochter vereinbaren, dass für die Eltern ein Wohnungsrecht im Grundbuch eingetragen wird (Vertragsebene). Über das Wort „vereinbaren" wird angezeigt, dass es sich um einen Vertrag handelt. Mit den Worten „für die Eltern ein Wohnungsrecht im Grundbuch eintragen" wird der schuldrechtliche Anspruch bezeichnet. Dadurch, dass nun dieses Wohnungsrecht in das Grundbuch eingetragen wird, wird der schuldrechtliche Anspruch nun zu einem *dinglichen Anspruch*. Gleichzeitig hat sich die Ebene geändert, nämlich von der Vertragsebene zwischen, z.B. Tochter und Eltern als Vertragsparteien, auf die Ebene des Grundbuches (dingliche Ebene). Hier befindet man sich in dem Verhältnis Eigentümer (Tochter) zu Berechtigten des Wohnungsrechts (Eltern).

1. 3 Vorteil des dinglichen Anspruchs

Der dingliche Anspruch ist als weitreichender, sicherer und gefestigter Anspruch gegenüber dem schuldrechtlichen Anspruch anzusehen. Wesentlicher Vorteil des dinglichen Anspruchs ist es, dass dieser im Grundbuch festgeschrieben ist und gegenüber dem *„jeweiligen Eigentümer"* seine Wirkung entfaltet. Das bedeutet, der Eigentümer kann im Grundbuch beliebig häufig wechseln, der Anspruch der Eltern Mustermann, z.B. aus dem Wohnungsrecht heraus, bleibt immer bestehen. Denn das Wohnungsrecht ist mit dem Grundstück verbunden und nicht mit dem Eigentümer (wesentliches Merkmal des dinglichen Anspruchs).

1. 4 Dingliches Recht

Mit „dinglichen Recht“[154] werden alle Rechte bezeichnet, die im Grundbuch eingetragen werden können, hierunter fallen z.B. das Wohnungsrecht, Altenteil, Grundschuld, Hypothek, etc. ... All diese Rechte haben eines gemeinsam, *„sie haften am Grundstück und nicht am Eigentümer“*, aus diesem Grund kann der Eigentümer beliebig oft wechseln.

2. Vormerkung

2. 1 Allgemeines zur Vormerkung

Die Vormerkung ist juristisch gesehen kein dingliches Recht im eigentlichen Sinne, sondern ein „Platzhalter“[155], der für die dingliche Absicherung von schuldrechtlichen Ansprüchen[156] genutzt werden kann. Die Vormerkung wird grundbuchrechtlich wie ein dingliches Recht behandelt, das heißt, für die Eintragung und für die Löschung einer Vormerkung müssen die gleichen Voraussetzungen vorliegen, wie bei einem dinglichen Recht im eigentlichen Sinne[157].

Ist die Vormerkung im Grundbuch eingetragen, so sichert sie ab dem Datum des Eintrags den schuldrechtlichen Anspruch an dieser Stelle im Grundbuch und legt somit die Reihenfolge der

154 Es können nur solche Rechte in das Grundbuch als dingliche Rechte eingetragen werden, die im BGB oder in den Nebengesetzen ausdrücklich als dingliche Rechte bezeichnet sind.

155 Diese Ansprüche werden dinglich im Grundbuch mit dem Platzhalter namens „Vormerkung“ gesichert.

156 Schuldrechtliche Ansprüche bestehen ausschließlich zwischen den Vertragspartnern (hier zwischen Tochter und Eltern) Materielles Liegenschaftsrecht im Grundbuchverfahren, Leesmeister, 3. Auflage, Seite 289

157 § 885 BGB, z.B. Antrag auf Eintragung / Löschung des Rechts und eine Eintragungs- bzw. die Löschungsbewilligung in notarieller Form

eingetragenen Rechte fest. Grundbuchrechtlich wird die Reihenfolge der Rechte mit „Rang“ oder „Rangposition“ [158] bezeichnet.
An dieser Stelle soll noch nicht vertiefend auf die verschiedenen Auswirkungen der Rangverhältnisse unter den im Grundbuch eingetragenen Rechten eingegangen werden. Die Regelungen werden im Verlauf dieses Kapitels noch ausführlich beschrieben.
Zur Sicherung mehrerer schuldrechtlicher Ansprüche der gleichen Berechtigten (Eltern) im gleichen Grundbuch bedarf es nur der Eintragung einer Vormerkung[159]. Voraussetzung für die Sicherung eines schuldrechtlichen Anspruches mit einer Vormerkung ist ein Anspruch, der eine Veränderung im Grundbuch (Eigentumswechsel, Eintragung eines Wohnungsrechts, etc.) nach sich zieht. Nur diese speziellen schuldrechtlichen Ansprüche sind auch eintragungsfähig.

2. 2 Die Vormerkung als Platzhalter

Die Vormerkung wird als „Platzhalter“ bezeichnet, weil sie die schuldrechtlichen Ansprüche mit dem Zeitpunkt der Eintragung im Grundbuch gegenüber dem eingetragenen Eigentümer (Tochter) sichert[160]. Will nun der Berechtigte (Eltern) einen seiner schuldrechtlichen Ansprüche geltend machen, so muss er sich immer an den derzeitigen Eigentümer (Tochter) wenden, ist dieser nicht freiwillig bereit den Anspruch zu erfüllen, so steht dem Berechtigten (Eltern) notfalls das Recht zu, den Eigentümer (Tochter) vor einem Zivilgericht „…auf Erfüllung des notarielle vereinbarten Anspruchs, der durch die Vormerkung (Platzhalter) dinglich gesichert ist“ zu verklagen[161].

158 Gesicherte Rangposition im Grundbuch vgl. § 883 Abs. 3 BGB
159 Grüneberg, 82. Auflage, RdNr. 5 zu § 883 BGB
160 § 883 Abs. 3 BGB Voraussetzung und Wirkung der Vormerkung
161 Grüneberg, 82. Auflage, RdNr. 3 zu § 888 BGB Anspruch des Vormerkungsberechtigten auf Zustimmung

2. 3 Wirkung der Vormerkung

Die Vormerkung entfaltet ihre Wirkung immer dann, wenn der Anspruch dem Vormerkungsberechtigten (Eltern) durch ein Handeln (juristisch „Verfügung" genannt) des Eigentümers (Tochter) oder eines Dritten beeinträchtigt wird[162], hierzu folgendes Beispiel.

Beispiel:
Die Tochter Mustermann veräußert das Haus ohne Zustimmung der Eltern, obwohl sich die Eltern das Zustimmungsrecht zur eventuellen Veräußerung des Hauses durch die Tochter mit einer Vormerkung gesichert haben.

In dem obigen Beispiel handelt (verfügt) die Tochter ohne Zustimmung der Eltern. Die Eltern sind durch diese Verfügung betroffen und ihr schuldrechtlicher Anspruch *„Zustimmung der Eltern beim Verkauf/ Veräußerung des Hauses"* wurde durch die Tochter missachtet. Die Intention der Eltern Mustermann ist es, dass sie mit der Tochter in einer Immobilie zusammen wohnen wollen und nicht mit einem unbekannten Dritten.

2. 4 Relative Unwirksamkeit späterer Handlungen

Der Verkauf[163] des Hauses durch die Tochter gilt gegenüber der Allgemeinheit als ein wirksam abgeschlossener Vertrag. Im Verhältnis zwischen Tochter und Eltern gilt dieser abgeschlossene Kaufvertrag aber nicht, denn die Eltern haben sich das Zustimmungsrecht zum Verkauf/Veräußerung des Hauses mit einer Vormerkung im Grundbuch gesichert.

162 § 883 Abs. 2 BGB

163 Juristisch „Veräußerung"

Juristen bezeichnen diesen Sachverhalt als *„relative Unwirksamkeit“* des Vertrages. Im Verhältnis Tochter zu Eltern bedeutet *„relativ“* für die Eltern, sie haben nun zwei Möglichkeiten, wie sie sich verhalten können:

Möglichkeit 1
Die Eltern können die fehlende Zustimmung nachholen[164], und den *„relativ unwirksamen Vertrag“*, den die Tochter geschlossen hat, mit ihrer Zustimmung in einen *wirksamen Vertrag* umwandeln, der dann auch für die Eltern (allgemeine) Gültigkeit entfaltet und bindend ist.

Möglichkeit 2
Die Eltern stimmen dem geschlossenen Vertrag der Tochter nicht zu. Der Vertrag wird dann von Anfang an – auch gegen einen bereits neu eingetragenen Eigentümer (Dritter) im Grundbuch – unwirksam. Mit der Rechtsfolge, dass die Tochter eine Rückabwicklung des Vertrages durchführen muss. Gegebenenfalls muss die Tochter dem Dritten noch Schadensersatz wegen Nichterfüllung des Vertrages leisten[165].

Mit dem abgesicherten Anspruch „Zustimmung zum Verkauf des Hauses“ haben sich die Eltern Mustermann im Grundbuch ein weitreichendes Mitspracherecht an dem Hausgrundstück gesichert. Man könnte die Position der Eltern auch als *„Zünglein an der Waage“* bezeichnen. Die Entscheidung, ob der Vertrag der Tochter wirksam wird oder nicht, entscheiden die Eltern und kein anderer.

164 Das Nachholen einer Zustimmung wird juristisch als Genehmigung bezeichnet, § 184 BGB.

165 §§ 281 ff. BGB

2. 5 Ziel der eingetragenen Vormerkung

Das Grundbuch folgt den strengen Regeln des Grundbuchrechts mit dem Grundsatz *„was nicht im Grundbuch steht, das gilt auch nicht, was im Grundbuch steht, gilt gegenüber jedermann*[166]". Was bedeutet nun dieser Grundsatz für die Vormerkung?
Eine eingetragene Vormerkung mit den dahinter liegenden schuldrechtlichen Ansprüchen für die Eltern zeigt jedem – der einen Blick in das Grundbuch wirft – an, dass sich die Eltern Mustermann in diesem Grundbuch schuldrechtliche Ansprüche mit einer Vormerkung gesichert haben. Des Weiteren ist jeder, der mit dem Eigentümer einen Vertrag über das Grundstück schließen möchte, verpflichtet, das betreffende Grundbuch einzusehen. Sieht nun ein Dritter das Grundbuch ein, so wird er zwangsläufig auf die Vormerkung stoßen. Der Gesetzgeber setzt voraus, dass dem Dritten[167] bekannt ist, was sich hinter einer Vormerkung verbirgt. Das heißt, der Dritte muss sich über die gesicherten schuldrechtlichen Ansprüche erkundigen, tut er dies nicht, so kann sich der Dritte im Falle eines Streits nicht darauf berufen, dass er den grundbuchlichen Inhalt nicht kannte. Dieses „Nichteinsehen in das Grundbuch" wird dem Dritten als Versäumnis im Grundbuchrecht angerechnet. Mit anderen Worten, der Dritte der das Grundbuch eingesehen hat, kann sich im Anschluss nicht auf den „Gutglaubensschutz des Grundbuches"[168] berufen, denn durch die Einsicht ist der Dritte „bösgläubig" geworden. Er weiß, dass im Grundbuch eine Vormerkung eingetragen ist und diese kann ggfs. gegen ihn wirken.

166 Der s.g. Gutglaubensschutz gem. § 892 BGB

167 Potentieller Vertragspartner oder Vertragspartner

168 Der s.g. Gutglaubensschutz gem. § 892 BGB

3. Die Rückauflassungsvormerkung oder Vormerkung zur Sicherung der Ansprüche auf Rückübertragung[169]

3. 1 Allgemeines zur Rückauflassungsvormerkung

Wie bereits auf der Seite 106 (erster Absatz) erwähnt, besteht die Möglichkeit mehrere schuldrechtliche Ansprüche mit einer Vormerkung zu sichern. Dadurch, dass sich die Eltern Mustermann nur schuldrechtliche Ansprüche sichern wollen, die ihnen das Recht zur Rückübertragung des Hausgrundstücks sichern sollen, bezeichnet man diese Art der Vormerkung als *„Rückauflassungsvormerkung“ oder „Vormerkung zur Sicherung der Ansprüche auf Rückübertragung“*. Mit dem Begriff der Auflassung[170], der in unserer Vormerkung enthalten ist, bezeichnen die Juristen die tatsächliche Übertragung des Eigentums an einem Grundstück von dem Veräußerer (Eltern) auf den Erwerber (Tochter). Auflassung ist ein feststehender Begriff für die „Übergabe des Hauseigentums“.

3. 2 Sicherbare schuldrechtliche Ansprüche

Die in dem folgenden Schaubild aufgeführten Ansprüche zielen alle darauf ab, dass beim Eintritt des jeweiligen Lebenssachverhalts, die Eltern das Recht für sich in Anspruch nehmen können, das Hausgrundstück auf sich zurück zu übertragen, daher der Begriff

169 Juristisch genauer „... Vormerkung zur Sicherung der Ansprüche auf Rückübertragung “ zu wählen. Die Fachhochschule für Rechtspflege Nordrhein-Westfalen lehrt auch die vorgenannte Formulierung. In der gerichtlichen Praxis wird verkürzt auf die „Rückauflassungsvormerkung“ zurückgegriffen. Für die weiteren Ausführungen wird der Autor auf die Formulierung der „Rückauflassungsvormerkung“ zurückgreifen.

170 § 925 BGB wird die Auflassung beschrieben.

„Rückauflassungsvormerkung“ auch als RückAV bezeichnet, im folgenden nur noch als RückAV benannt. Die RückAV ist als Unterart der Vormerkung zu sehen.

Rückauflassungsvormerkung

Sicherbare schuldrechtrechtliche Ansprüche

1.) *Veräußerung* des Hausgrundstücks ohne Zustimmung der Eltern
2.) Drohende Insolvenz der Tochter
3.) Drohende Zwangsversteigerung des Hauses
4.) Belastung des Hausgrundstücks ohne Zustimmung der Eltern
5.) Tod der Tochter ohne Hinterlassung von Abkömmlingen
6.) Tod der Tochter mit Hinterlassung von Abkömmlingen
7.) Ehescheidung der Tochter
8.) Auszug der Tochter aus der übertragenen Immobilie
9.) Vermietung der Wohnung/des Hauses durch die Tochter

Die grundbuchrechtliche Praxis zeigt, dass die unter eins bis fünf aufgeführten schuldrechtlichen Ansprüche diejenigen sind, die am häufigsten in einem Übertragungsvertrag zwischen Kindern und Eltern gewählt und mit einer RückAV gesichert werden.

Nach der Vorstellung der einzelnen juristischen Begriffe, werden nun die einzelnen sicherbaren schuldrechtlichen Ansprüche erläutert. Hierbei wird herausgestellt, dass die RückAV nicht nur Vorteile für die Eltern, sondern auch für die Tochter mit sich bringt. Insbesondere bei einer drohenden Insolvenz der Tochter oder bei einer drohenden Zwangsversteigerung des Hauses, ist die RückAV für die Tochter ebenfalls von Vorteil.

3. 2. 1 Anspruch Veräußerung des Hausgrundstücks ohne Zustimmung der Eltern

Dieser schuldrechtliche Anspruch wurde bereits bei der Vorstellung der einzelnen juristischen Begriffe mit erläutert. Hier noch einmal die wesentlichen Punkte dieses schuldrechtlichen Anspruchs.

Fazit

Haben sich die Eltern die Zustimmung zur Veräußerung der Immobilie im Rahmen einer RückAV gesichert, dann entscheiden die Eltern über die Veräußerung oder Nichtveräußerung des Hausgrundstücks mit. Die Entscheidungsmacht können die Eltern auch noch ausnutzen, wenn ein Dritter bereits im Grundbuch als neuer Eigentümer eingetragen ist. Denn die Vormerkung schützt die Eltern!

Der Vertrag, der von der Tochter mit dem Dritten geschlossen wurde, ist gegenüber den Eltern relativ unwirksam, denn die Zustimmung der Eltern fehlt. Verweigern die Eltern, nun die Zustimmung, so muss die Tochter den Vertrag mit dem Dritten rückabwickeln und dem Dritten ggfs. noch Schadensersatz leisten. Verweigert nun die Tochter die Rückabwicklung, so steht den Eltern ein direktes Rückforderungsrecht gegen den Dritten zu. Das heißt, die Eltern Mustermann können den Dritten (neuer Eigentümer) auffordern, ihnen das Hausgrundstück zurück zu übertragen[171]. Falls der Dritte die Immobilie nicht im Wege einer kostenpflichtigen notariellen Übertragungsurkunde an die Eltern überträgt, können diese ihren Anspruch vor dem zuständigen Gericht im Wege einer Zivilklage gegen den Dritten durchsetzen.

Die RückAV sichert die schuldrechtlichen Ansprüche im Grundbuch zu 100 Prozent ab. Hier sei angemerkt, dass die RückAV für

171 Grüneberg, 82. Auflage, RdNr. 2, 4 zu § 888 BGB

die Eltern gleichzeitig mit dem Eigentumswechsel auf die Tochter eingetragen wurde. Mithin sind alle Verfügungen, die die Tochter als neue Eigentümerin hinsichtlich des Grundstücks tätigt, den Eltern gegenüber relativ unwirksam, soweit die Eltern von den Verfügungen betroffen sind!

3. 2. 2 Anspruch Drohende Insolvenz der Tochter (Verbraucherinsolvenz)[172]

„... dass passiert unserer Tochter doch nicht, warum sollte sie Insolvenz anmelden!"

In der heutigen schnelllebigen Zeit kann es schneller zu einer Verbraucherinsolvenz[173] kommen, als es vielleicht viele Menschen für möglich halten, es sei nur an die Corona – Pandemie und deren Folgen erinnert.
Hier ein Beispiel, anhand dessen verdeutlicht werden soll, wie schnell es zu einer Verbraucherinsolvenz kommen kann.

Eingangsbeispiel:

Tochter Mustermann ist als Abteilungsleiterin in einem Unternehmen beschäftigt, welches Bauteile für die Herstellung von PKWs fertigt. Der Autoindustrie geht es aufgrund kriselnder Weltwirtschaft schlecht. Infolge rückläufiger Verkaufszahlen, werden die Verträge mit dem Zulieferunternehmen durch den Autohersteller gekündigt. Nach kurzer Zeit muss das Unternehmen, in dem die Tochter beschäftigt ist, Unternehmensinsolvenz anmelden.

172 §§ 303, 304, 14 Insolvenzordnung (InsO)

173 Verbraucherinsolvenz wird bei Privatpersonen § 303 Insolvenzordnung (InsO) beantragt, Unternehmensinsolvenz bei allen Unternehmen §§ 11, 12 InsO

Die Tochter erhält noch für drei Monate Insolvenzausfallgeld[174]. Nach den drei Monaten steht fest, dass das Unternehmen nicht fortgeführt wird. Tochter Mustermann wird arbeitslos und erhält von der Agentur für Arbeit Arbeitslosengeld 1 (ALG 1)[175] und im Anschluss Bürgergeld[176] ausgezahlt.
Die persönliche Situation der Tochter kann sich somit innerhalb eines Jahres komplett wandeln.
Stelle man sich weiter vor, dass die Tochter ein Baudarlehn aufgenommen hat, um einen An- und Umbau am übertragenen Eigenheim zu realisieren und darüber hinaus noch einen PKW gekauft hat, der mit einem Ratenkredit finanziert und gesichert wurde.
Die Einnahmen der Tochter werden nach drei Monaten weniger, dass Insolvenzausfallgeld wird nicht mehr gezahlt, die Tochter erhält nun ALG 1[177]. Die Tochter bemüht sich das Baudarlehn weiter zu bedienen, aber für die Raten des PKW bleibt kein Geld mehr übrig. Sie zahlt über drei Monate keine Rate an die Autobank. Die finanzierende Autobank hat nun zwei Möglichkeiten die ausstehenden Forderungen gegen die Tochter durchzusetzen.

Die erste Möglichkeit ist die Beantragung eines Mahnbescheids[178] beim zuständigen Mahngericht. Dieses wird nach entsprechender Antragstellung und unter Wahrung der gesetzlich vorgeschriebenen Fristen einen Mahnbescheid und im Anschluss, aufgrund des Mahnbescheids, einen Vollstreckungsbescheid erlassen[179].

174 § 165 Abs. 3 Sozialgesetzbuch III (SGBIII) Insolvenzausfallgeld wird zur Überbrückung an die Mitarbeiter gezahlt, evtl. kann das Unternehmen weitergeführt werden, dann benötigt das Unternehmen wieder das Know - How der Mitarbeiter, die dann übernommen werden können.

175 § 136 ff. SGB III Anspruch auf Arbeitslosengeld

176 § 19 ff. SGB II Bürgergeld

177 § 147 SGB III Grundsatz der Arbeitslosenförderung; die Laufzeit der Zahlung ist abhängig von den Zeiten der vorherigen Tätigkeitszeiten

178 § 688 Zivile Prozessordnung (ZPO) Zulässigkeit des Mahnverfahrens

179 § 699 ZPO Vollstreckungsbescheid

Die zweite Möglichkeit, die Bank reicht eine Zivilklage beim zuständigen Zivilgericht[180] ein. Nach der Klageerhebung folgt – unter Einhaltung der entsprechenden Fristen – das Urteil durch das entsprechende Zivilgericht. Von diesem Urteil erhält die Bank – auf Antrag – eine so genannte vollstreckbare Ausfertigung[181]. Die vollstreckbare Ausfertigung des Urteils oder der Vollstreckungsbescheid stellen einen so genannten Vollstreckungstitel dar[182].

Mit diesem Titel kann die Bank den Gerichtsvollzieher beauftragen, werthaltige Gegenstände aus dem Eigentum der Tochter zu pfänden. Hat die Pfändung keinen Erfolg oder möchte die Bank eine Pfändung durch den Gerichtsvollzieher nicht durchführen lassen, dann kann sie beim zuständigen Amtsgericht[183] einen Antrag „auf Durchführung einer Verbraucherinsolvenz über das Vermögen der Tochter" stellen. Wird dem Antrag durch das zuständige Amtsgericht stattgegeben, so unterliegt das gesamte Vermögen der Tochter den gesetzlichen Regeln der Verbraucherinsolvenz[184], hierzu zählt selbstverständlich auch das Hausgrundstück[185], welches die Eltern der Tochter übertragen haben. Das Insolvenzrecht ist darauf ausgelegt, die Gläubiger (Autobank) aus dem Vermögen der Tochter zu befriedigen[186]. Es kann dazu führen, dass auch das Haus im Wege der Insolvenz versteigert wird. Um dieser Gefahr seitens der Eltern Mustermann aus dem Wege zu gehen, sollten sich die Eltern das Rückforderungsrecht „...drohende Insolvenz der Tochter..." im Grundbuch durch eine RückAV

180 Bis zu 5.000,- Euro Streitsumme ist das Amtsgericht gem. § 23 Gerichtsverfassungsgesetz (GVG) und über 5.000,- Euro das Landgericht gem. § 71 GVG zuständig

181 Eine Ausfertigung ersetzt im Rechtsverkehr das Original, diese verbleibt immer bei den Gerichtsakten § 47 Beurkundungsgesetz

182 § 794 Abs. 1 Nr. 4 ZPO

183 §§ 11, 13, 14 InsO Antragsrecht des Gläubigers

184 §21 ff InsO Umfang des Verfügungsverbots

185 § 32 InsO Insolvenzvermerk im Grundbuch

186 Die aufgelaufenen Schulden (Verbindlichkeiten) der Tochter werden durch die Zuteilungen im Insolvenzplan §§ 314 ff InsO beglichen.

sichern. Die Eltern haben die Möglichkeit – wenn der Antrag auf Insolvenz gegen ihre Tochter gestellt wurde – das Hausgrundstück von der Tochter zurückzufordern.
Ein weiterer Vorteil der Vormerkung, auch gegenüber einem Insolvenzverfahren entfaltet die Vormerkung seine volle Wirkung[187]. Sollten die Eltern keine Kenntnis von der Verbraucherinsolvenz der Tochter erhalten, dann sind sie trotzdem durch die RückAV gesichert, sogar dann, wenn das zuständige Amtsgericht einen Insolvenzvermerk[188] in das Grundbuch eintragen lässt. Dieser Vermerk hat die gleiche Wirkung, wie die RückAV, die für die Eltern eingetragen wurde. Der Vermerk soll Dritte, die mit dem Eigentümer (Tochter) Verträge über das Hausgrundstück schließen wollen, „bösgläubig" machen[189]. Der Vermerk zeigt ebenfalls an, dass die Tochter nur noch mit Zustimmung des zuständigen Insolvenzverwalters[190] über das Grundstück verfügen kann.
Der Insolvenzvermerk ist den Eltern Mustermann gegenüber „relativ unwirksam", da die RückAV zeitlich vor dem Insolvenzvermerk eingetragen wurde (bessere Rangposition). Das bedeutet für die Eltern, dass sie die Löschung des Insolvenzvermerks vom zuständigen Insolvenzverwalter[191] verlangen können, dieses Recht folgt aus § 883 Abs. 2 i.V.m. § 888 BGB.

Fazit

Dieses Beispiel zeigt, dass die Eltern durch die RückAV gesichert sind. Darüber hinaus können sie ihren Anspruch auf Rückübertragung des Hausgrundstücks gegenüber der Tochter und dem Insolvenzverwalter durchsetzen.

187 § 883 Abs. 2 BGB Vormerkung

188 § 32 InsO Insolvenzvermerk im Grundbuch.

189 § 892 BGB Durchbrechung des guten Glaubens

190 §§ 21, 56 InsO vorläufiger Insolvenzverwalter, Bestellung zum Insolvenzverwalter durch das Amtsgericht

191 § 313 InsO wird der Insolvenzverwalter bei der Verbraucherinsolvenz als Treuhänder bezeichnet

Dieses Beispiel zeigt, dass auch die Tochter einen Nutzen aus der RückAV ziehen kann. Durch die Rückübertragung der Immobilie bleibt diese weiterhin im Familienbesitz. Die Tochter mit ihrer Familie kann weiterhin in dem Haus wohnen, wenn die Eltern dieses möchten.

3. 2. 3 Anspruch Drohende Zwangsversteigerung des Hauses

Für die Erörterung „Zwangsversteigerung“ wird das Beispiel vom 2. Anspruch weitergeführt.

Beispielerweiterung
Aufgrund der angespannten Finanzlage der Tochter Mustermann, ist diese nicht mehr in der Lage die fälligen Darlehnsraten bei der Immobilienbank[192] zu bedienen.
Die Bank kann nun aus der eingetragenen Grundschuld heraus die Zwangsvollstreckung der Immobilie der Tochter beim zuständigen Amtsgericht beantragen[193]. Wird dem Antrag stattgegeben, dann erhalten alle Beteiligten des Zwangsversteigerungsverfahrens vom Amtsgericht –Zwangsversteigerungsabteilung[194] – eine schriftliche Nachricht über die Anordnung des Zwangsversteigerungsverfahrens. Aufgrund der Mitteilung des Amtsgerichts bekommen die Eltern Mustermann Kenntnis von der drohenden Zwangsversteigerung. In diesem Moment können die Eltern ihr Recht aus der RückAV gegenüber ihrer Tochter geltend machen und die

192 Immobilienbank = Bank, die das Baudarlehn zur Verfügung gestellt hat.

193 Die Frist für einen möglichen Antrag auf Durchführung der Zwangsversteigerung ergeben sich aus dem jeweiligen Sicherungsabredevertrag (siehe Seite 119); meist nach drei Monaten

194 Zwangsversteigerungsgericht ist eine Abteilung in dem jeweils zuständigen Amtsgericht

Rückübertragung der Immobilie auf sich fordern. Auch bei der Zwangsversteigerung hält die RückAV den Wirkungen des Zwangsversteigerungsrechts stand. Im § 883 Abs.2, 2.Alt. BGB wird direkt darauf hingewiesen, dass die Vormerkung ihre Wirksamkeit auch im Zwangsversteigerungsverfahren entfaltet.

Die Eltern Mustermann können nun in einer notariellen Urkunde das Hausgrundstück von ihrer Tochter zurückübertragen bekommen[195]. Die Tochter erklärt in der notariellen Urkunde den Eigentumsübergang auf die Eltern (Auflassung)[196]. Die Eltern werden als alte und neue Eigentümer wieder in das Grundbuch eingetragen.

Zwischenergebnis
Auch bei dieser Fallkonstellation ist die RückAV für die Tochter von Vorteil, denn diese kann mit ihrer Familie ebenfalls weiter in dem Haus wohnen bleiben, wenn die Eltern es möchten.
Sollte die Tochter die Rückübertragung verweigern, so können die Eltern, wie unter dem 2. Anspruch beschrieben, wiederum den Anspruch vor dem zuständigen Zivilgericht einklagen. Darüber hinaus können die Eltern vom Zwangsversteigerungsgericht die Löschung des Zwangsversteigerungsvermerks verlangen.

Weitere Fortführung des Beispiels
Die Eltern Mustermann gehen davon aus, dass sie das Hausgrundstück vor dem Zugriff der Immobilienbank gerettet haben. Dem ist nicht so!
Die Bank kann aus der eingetragenen Grundschuld heraus die Zwangsversteigerung wiederum in das Hausgrundstück betreiben und zwar gegen die Eltern!!

Warum kann die Bank diese Maßnahme ergreifen?

195 Hierzu auch Vermögensnachfolge in der Praxis, Hans-Frieder Krauß, 6. Auflage, RdNr. 2545 - 2547

196 § 925 BGB Auflassung

Bei der Beantwortung dieser Frage nimmt die eingetragene Grundschuld und deren Rangposition (Rangverhältnis)[197] im Grundbuch eine wichtige Rolle im Zwangsversteigerungsverfahren ein, die hier zum besseren Verständnis erläutert werden.

3.2.3.1 Die Grundschuld im Zwangsversteigerungsverfahren

3.2.3.1.1 Allgemeines zur Grundschuld

Die Grundschuld ist ein sogenanntes Grundpfandrecht, welches im Grundbuch eingetragen werden muss[198]. Die Bank gewährt der Tochter ein Baudarlehn in Höhe von 200.000,- Euro und dieses Darlehn lässt sich die Bank im Grundbuch der Tochter mit einer Grundschuld (Grundpfandrecht[199]) in Höhe von 200.000,- Euro absichern.
Mit anderen Worten, die Tochter hat ihr Hausgrundstück an die Bank verpfändet. Das Hausgrundstück haftet ab dem Datum der Eintragung der Grundschuld im Grundbuch für das Darlehn, welches die Bank gewährt hat.
Das Darlehn und die Grundschuld werden vertraglich mit der so genannten „Sicherungsabrede" miteinander verbunden.

3.2.3.1.2 Die Sicherungsabrede

In der Sicherungsabrede vereinbaren die Bank und die Tochter vertraglich die Verknüpfung des Baudarlehns mit der Grundschuld. Darüber hinaus werden Zahlungsbedingungen und die weiteren

197 § 879 BGB Rangverhältnis mehrerer Rechte

198 § 1191 BGB gesetzlicher Inhalt der Grundschuld

199 Grundpfandrecht ist der Oberbegriff der Pfandrechte an einem Grundstück wie z.B. Grundschuld und Hypothek

Auszahlungsmodalitäten in der Sicherungsabrede vereinbart, wie z.B., dass „... die im Grundbuch von Musterhausen Blatt 999 eingetragene Grundschuld für das von der Immobilienbank gewährte Darlehn mit der Darlehnsnummer XYZ haftet ..." oder „... Auszahlungsbedingungen für das gewährte Darlehn, das gegenseitige Kündigungsrecht, Zahlungstermine für die Darlehnsraten ...", etc., ...".
Zur Verdeutlichung der Position des Sicherungsabredevertrages in dem Gefüge Baudarlehn / Grundschuld siehe folgendes

Schaubild

Baudarlehn in Höhe von 200.000,- Euro	↔	Verbunden durch die Sicherungsabrede (Vertrag)	↔	Grundschuld in Höhe von 200.000,- Euro

Zusammenhang zwischen Baudarlehn, Grundschuld und Sicherungsabrede

3.2.3.1.3 Wirkung der Grundschuld

Die Grundschuld ist, wie ein Wohnungsrecht, ebenfalls ein dingliches Recht, welches am Grundstück haftet und nicht am Eigentümer. Der Bank kann es aufgrund der dinglichen Wirkung der Grundschuld egal sein, wer Eigentümer des Hausgrundstücks ist. Sie kann die Zwangsversteigerung aus der Grundschuld heraus gegen den jeweiligen „derzeitigen" Eigentümer betreiben. Derzeitige Eigentümer sind durch die Eigentumsrückübertragung die Eltern Mustermann geworden. Die Bank würde somit die Zwangsversteigerung gegen die Eltern beantragen und betreiben.

Diese oben beschriebene Wirkung gibt nur die Grundstruktur und Stellung einer Grundschuld im Zwangsversteigerungsrecht wieder.

3.2.3.1.4 Zusammenfassung zur Grundschuld

- Die Grundschuld ist ein Pfandrecht am Grundstück, aus der die Bank die Zwangsversteigerung betreiben kann
- Das Baudarlehn wird durch die jeweilige Bank gewährt und mit
- Der Sicherungsabrede (Vertrag) zu einer Einheit verbunden (Grundschuld als Sicherheit für das gewährte Darlehn)

3. 2. 4 Richtlinien der Banken bei der Vergabe von Baudarlehn

Um den Zusammenhang zwischen Zwangsversteigerung, Grundschuld und Darlehn aufzeigen zu können, ist es wichtig, die Richtlinien der Banken bei der Vergabe von Baudarlehn zu kennen.
Die Darlehnsbank ist bestrebt die größtmögliche Sicherheit für ein ausgezahltes Darlehn zu erhalten. Aus diesem Grund gewähren die Banken den Eigentümern grundsätzlich nur ein Darlehn, wenn die zugunsten der Darlehnsbank eingetragene Grundschuld die erste Rangstelle (Rangposition) im Grundbuch eingeräumt wird. Werden weitere Grundschulden für gewährte Darlehn eingetragen, so sind die Banken bemüht die nächst günstigere Rangposition zu erhalten (2. Rangposition). Die „schlechtere" zweite Rangposition lassen sich die Banken mit einen gewissen Zinsaufschlag[200] (Risikoaufschlag) bezahlen.

Fazit
Darlehnsbanken sind immer bemüht die beste Rangposition im Grundbuch zu erhalten. Diese gewährt ihnen bei einem Zwangsversteigerungsverfahren die größtmögliche Sicherheit, ihre Darlehnssumme zurückzuerhalten.

200 Mit dem Zinsaufschlag deckt die Darlehnsbank das Risiko ab, in einer Zwangsversteigerung nicht die gesamte Darlehnssumme zurück zu erhalten.

3. 2. 5 Rangpositionen und Rangverhältnisse im Zwangsversteigerungsverfahren

Derzeitiger Grundbuchbestand:
Im Grundbuch der Tochter Mustermann sind folgende Rechte für die Eltern Mustermann eingetragen worden.

Schaubild 1

Rangposition	eingetragenes Recht
1.	Wohnungsrecht für die Eltern
2.	Rückauflassungsvormerkung für die Eltern

Die Tochter benötigt ein Baudarlehn, um eine Umbaumaßnahme an dem übertragenen Haus durchführen zu können. Die Bank gewährt der Tochter ein Baudarlehn in Höhe von 200.000,- Euro, unter der Voraussetzung, dass die einzutragende Grundschuld im Grundbuch die erste Rangposition erhält.
Die Tochter bittet die Eltern Mustermann mit ihrem Wohnungsrecht und ihrer RückAV hinter die Grundschuld der Bank zurückzutreten. Die Eltern stimmen dem Rangrücktritt in einer notariellen Urkunde zu und die Grundschuld wird im Grundbuch mit der ersten Rangposition eingetragen.

Im Grundbuch der Tochter ergibt sich **nach** der Eintragung der Grundschuld folgendes Rangverhältnis:

Schaubild 2

Rangposition	eingetragenes Recht
1.	Grundschuld über 200.000,- Euro für die Bank
2.	Wohnungsrecht für die Eltern
3.	Rückauflassungsvormerkung für die Eltern

Warum zahlen die Banken das Baudarlehn nur aus, wenn die Grundschuld die erste Rangposition hat oder zumindest vor dem Wohnungsrecht und vor der RückAV eingetragen wird[201]?

3. 2. 6 Grundzüge einer Zwangsversteigerung

Um die obige Frage beantworten zu können, ist es wichtig, die Grundregeln des Zwangsversteigerungsgesetzes (ZVG) zu kennen. Das ZVG legt die Regeln fest, wie ein Zwangsversteigerungsverfahren einer Immobilie durchzuführen ist und wie der Ersteigerungserlös[202] unter den Gläubigern verteilt werden muss.
Gemäß §§ 90, 91 ZVG fallen alle Rechte, die nach dem betreibenden Gläubiger eingetragen sind, mit dem Zuschlag im Zwangsversteigerungstermin weg[203]. Diese Rechte erlöschen mit dem Zuschlagsbeschluss kraft Gesetzes. Auf diese erloschenen Rechte kann durch das Zwangsversteigerungsgericht nur noch ein Geldbetrag – falls vorhanden – zugewiesen werden.

Wie wirkt sich nun diese Regelung auf unser Grundbuch und die dort eingetragenen Rechte aus?

Dem Schaubild 2 ist zu entnehmen, dass die Grundschuld die erste Rangposition inne hat. Betreibt nun die Immobilienbank die Zwangsversteigerung aus ihrer Grundschuld heraus, so wird sie im Zwangsversteigerungsverfahren als *„betreibende Gläubigerin"* bezeichnet. § 91 ZVG besagt nun, dass alle Rechte, die nach dem Recht des betreibenden Gläubigers ihre Rangposition inne haben, durch

201 Der letzte Halbsatz gilt insbesondere für weitere Grundschulden, die noch in das Grundbuch eingetragen werden sollen.

202 Ist der Geldbetrag, der im Versteigerungstermin vor dem Amtsgericht für das Hausgrundstück geboten wurde

203 §§ 105, 109, 110 ZVG Verteilungstermin, in dem der Erlös an die Gläubiger verteilt wird

den Zuschlag kraft Gesetzes erlöschen. Das bedeutet für die Eltern Mustermann, dass ihr Wohnungsrecht und auch die RückAV nicht mehr bestehen bleiben. Auf diese Rechte kann nur noch ein Geldbetrag zugewiesen werden, wenn in dem Zwangsversteigerungsverfahren genügend Geld auf die Immobilie geboten wurde.

3. 2. 7 Zuteilung des Zwangsversteigerungserlöses an den betreibenden Gläubiger

Die Verteilung des Erlöses gem. § 109 ZVG soll anhand von zwei Beispielfällen mit den folgenden Ausgangswerten vorgestellt werden.

- Verkehrswert des Hausgrundstücks[204] 400.000,- Euro
- Forderung der Gläubigerbank aus der Grundschuld 200.000,- Euro (Immobilienbank und gleichzeitig betreibende Gläubigerin)
- Lebensalter der Eltern: Mann 67 Jahre, Frau 65 Jahre
- Monatlicher Wert des Wohnungsrechts 600,- Euro

Beispiel 1:
Im Rahmen eines Zwangsversteigerungsverfahrens können Interessenten im Zwangsversteigerungstermin Gebote (Geldbeträge) bezüglich der zur Versteigerung stehenden Immobilie abgeben[205]. Am Ende der so genannten „Bietstunde“[206] kann dem Meistbietenden der Zuschlag erteilt werden[207], wenn das Gebot den Wert von 5/10 des Verkehrswertes übersteigt[208].

204 Der Verkehrswert wird durch ein Wertgutachten ermittelt. Ein vereidigter Gutachter erstellt im Auftrag des Zwangsversteigerungsgerichts ein kostenpflichtiges Wertgutachten

205 § 66 Abs. 2 ZVG, Verfahren im Zwangsversteigerungstermin

206 § 73 ZVG, Frist zur Abgabe von Geboten, Verkündung des letzten Gebotes

207 § 81 Abs. 1 ZVG, Zuschlagsberechtigter

208 § 85a ZVG 5/10 Grenze, Versagung des Zuschlags bei zu geringem Meistgebot

Für dieses Beispiel wird davon ausgegangen, dass der Zuschlag auf ein Meistgebot in Höhe von 200.000,- Euro erteilt wurde. Der Verteilungserlös beträgt ebenfalls die obige Summe.
Das Zwangsversteigerungsgericht setzt einen Verteilungstermin[209] an, in dem der Erlös auf alle Gläubiger entsprechend ihrer Rangpositionen mit den dazugehörigen Forderungen verteilt wird.
In diesem Beispiel hat die Immobilienbank eine erstrangige Forderung in Höhe von 200.000,- Euro; so dass der Gesamterlös aus der Versteigerung der betreibenden Immobilienbank zu gewiesen wird. Die Verteilungsmasse ist erschöpft, eine Zuteilung auf das Wohnungsrecht und die RückAV der Eltern Mustermann ist nicht mehr möglich. Die Eltern gehen somit leer aus.

3.2.7.1 Fazit zu Beispiel 1 für die Eltern Mustermann

Die Eltern Mustermann haben in dem Zwangsversteigerungsverfahren ihr früheres Hausgrundstück verloren. Des Weiteren sind ihr Wohnungsrecht und auch ihre RückAV im Zwangsversteigerungsverfahren kraft Gesetzes erloschen und darüber hinaus wurde kein Geldbetrag auf die Rechte der Eltern Mustermann zugeteilt.

3.2.7.2 Folgen für die Eltern Mustermann aus dem Beispiel 1

- Die Eltern müssen aus ihrem früheren Haus ausziehen und sich von ihrem jetzigen Vermögen eine Wohnung finanzieren. Auch die Tochter Mustermann mit ihrer Familie muss sich eine neue Wohnung suchen.

209 § 105 ZVG Terminbestimmung zur Verteilung des Versteigerungserlöses

- Darüber hinaus entfaltet der Zuschlagsbeschluss, der durch das Zwangsversteigerungsgericht erlassen wurde, noch eine weitere Wirkung, nämlich die eines Räumungsbeschlusses[210].

Zieht die Tochter mit ihrer Familie nicht freiwillig aus dem Haus aus, so kann der neue Eigentümer das Hausgrundstück durch den Gerichtsvollzieher räumen lassen. Der Neueigentümer übergibt den Zuschlagsbeschluss dem Gerichtsvollzieher als Räumungstitel. Dieser wird auf Antrag des Neueigentümers die Zwangsräumung des Hauses veranlassen. Auch die Eltern müssten zwangsweise die Wohnung verlassen, da der Zuschlagsbeschluss auch gegen die Eltern seine Wirksamkeit entfaltet[211].

Beispiel 2:
Aufgrund der guten geographischen Lage des Hausgrundstücks und vieler Bietinteressenten im Versteigerungstermin wird der Zuschlag auf ein Gebot in Höhe von 280.000,- Euro erteilt. Die Immobilienbank hat weiterhin eine Forderung aus der Grundschuld heraus in Höhe von 200.000,- Euro.
Im Verteilungstermin[212] werden der Immobilienbank 200.000,- Euro zugewiesen, die verbleiben 80.000,- Euro könnten grundsätzlich auf das Wohnungsrecht der Eltern Mustermann zugewiesen werden. Dem ist aber nicht so!

Das Zwangsversteigerungsgericht muss das Wohnungsrecht geldmäßig bewerten (kapitalisieren)[213].

210 § 93 Abs. 1 ZVG Zuschlagsbeschluss wirkt wie ein Räumungsbeschluss
211 Böttcher ZVG, 7. Auflage, RdNr. 5 zu § 93 ZVG
212 §§ 105, 109 ZVG Verteilung des Überschusses
213 § 92 Abs. 2 ZVG Wertersatz für erlöschende Rechte

Wie geht diese Bewertung von statten?

In der Übertragungsurkunde hat der Notar mit den Eltern und der Tochter Mustermann zusammen den Monatswert des Wohnungsrechtes (600,- €) festgesetzt. Diesen Wert übernimmt das Zwangsversteigerungsgericht und errechnet aus diesem Wert den Jahreswert des Wohnungsrechts. Des Weiteren stellt das Gericht die hypothetische Lebenserwartung der Eltern fest. Hierbei wird die Lebenserwartung des jüngsten Elternteils berechnet, da die Lebenserfahrung und die Lebenserwartungsstatistik davon ausgehen, dass der jüngste Elternteil – hier die Mutter – das Wohnungsrecht am längsten nutzen wird. Aus der Lebenserwartungstabelle des Statistischen Bundesamtes[214] entnimmt das Gericht den Lebenserwartungswert. Die Lebenserwartung für den jüngsten Elternteil (65 Jahre) beträgt nach der Tabelle durchschnittlich 21,09[215] Lebensjahre[216], daraus ergibt sich ein Kapitalwertfaktor von 12,642.

Aus diesen bekannten Daten wird seitens des Zwangsversteigerungsgerichts der Wert des Wohnungsrechts errechnet:

Monatswert	X	12 Monate	X	Kapitalwertfaktor	=	Wert d. Wohnungsrecht
600,- €	X	12	X	12,642	=	91.022,40 €

Das Wohnungsrecht der Eltern Mustermann hat für das Zwangsversteigerungsverfahren einen Wert von 91.022,40 Euro.

Im Verteilungstermin können nur noch die verbleibenden 80.000,- Euro auf das Wohnungsrecht der Eltern Mustermann zugeteilt werden, auf die weiteren 11.022,40 Euro müssen die Eltern verzichten. Die Zuteilung erfolgt jedoch nicht in einer Summe. Das Zwangsversteigerungsgericht teilt den Jahreswert des Wohnungsrechts (7.200,00 Euro) in vier gleich große Raten auf. Die jeweilige Rate wird den Eltern alle drei Monate als Vorauszahlung ausgezahlt. Hier erhalten die Eltern Mustermann vierteljährlich einen Betrag in

214 Lebenserwartungstabelle als Anlage 3 im Anhang beigefügt

215 Vergleich Anlage 3

216 § 14 Abs. 2 S. 4 Bewertungsgesetz (BewG)

Höhe von 1.800,- Euro als Geldrente vom Zwangsversteigerungsgericht ausgezahlt[217].

3.2.7.3 Fazit zu Beispiel 2 für die Eltern Mustermann

Auch in diesem Beispiel sind das Wohnungsrecht und die RückAV der Eltern Mustermann im Zwangsversteigerungsverfahren kraft Gesetzes erloschen. Auch hier müssen die Eltern ihr ehemaliges Hausgrundstück verlassen.
Eventuell können sich die Eltern von der, durch das Zwangsversteigerungsgericht, vierteljährlich ausgezahlten Geldrente noch eine kleine Eigentumswohnung finanzieren. Der Großteil ihres früheren Grundstücksvermögens ist jedoch im Zwangsversteigerungsverfahren verloren gegangen.

3.2.7.4 Folgen für die Eltern Mustermann aus dem Beispiel 2

- Die Eltern müssen aus ihrem früheren Haus ausziehen und sich von ihrem jetzigen Vermögen zuzüglich der vierteljährlichen Geldrente eine Wohnung finanzieren. Auch die Tochter Mustermann mit ihrer Familie muss sich eine neue Wohnung suchen.

- Darüber hinaus entfaltet auch hier der Zuschlagsbeschluss, der durch das Zwangsversteigerungsgericht erlassen wurde, die Wirkung eines Räumungsbeschlusses[218] mit den unter „Folgen aus dem Beispiel 1" beschriebenen Möglichkeiten für den Neueigentümer.

.

217 § 92 Abs. 2 ZVG Wertersatz für erlöschende Rechte

218 § 93 ZVG Zuschlagsbeschluss wirkt wie ein Räumungsbeschluss

3. 2. 8 Gesamtfazit zum Zwangsversteigerungsrecht

Diesen beiden Beispielen ist zu entnehmen, dass das im Grundbuch eingetragene Wohnungsrecht und die eingetragene RückAV nicht ohne weiteres die Sicherungswirkungen im Grundbuch erbringen, wie sie im Verlaufe dieses Buches bereits beschrieben wurden. Hierin liegt auch die Gefahr des Grundbuchrechts. Viele Eltern gehen davon aus, wenn ein Wohnungsrecht und eine RückAV für sie im Grundbuch eingetragen sind,

„…dann kann uns Eltern nichts mehr passieren!...“

Gerade diese Annahme hat viele Eltern in die Verzweiflung getrieben. Diesen Eltern ist eines der obigen Beispiele in einem Zwangsversteigerungsverfahren widerfahren. Zumeist haben die Eltern sorglos den Grundschulden der Immobilienbanken die bessere Rangposition, durch einen Rangrücktritt ihrer Rechte, verschafft. Diese Sorglosigkeit kann sich rächen, wenn einer der beiden oben beschriebenen Sachverhalte eintritt.

Anzumerken ist an dieser Stelle, dass bei dem überwiegenden Teil der durchgeführten Zwangsversteigerungsverfahren keine Geldbeträge auf Wohnungsrechte zugeteilt werden können, da die Versteigerungsmasse bereits durch die Zuteilung von Geldbeträgen, auf die im Rang vorgehenden Grundschulden, erschöpft ist.

Wie können sich die Eltern vor diesem Fiasko schützen?
Diese Frage wird mit den Ausführungen zum 4. Anspruch beantwortet.

3. 3 Anspruch
Belastung des Hauses ohne Zustimmung der Eltern

3. 3. 1 Allgemeines zum Zustimmungserfordernis der Eltern

Das Wohnungsrecht und die RückAV entfalten für die Eltern Mustermann im Grundbuch nur ihre starke Wirkung, wenn sie die volle Übersicht über die Rechte haben, die **vor** ihren Rechten im Grundbuch eingetragen wurden. Die Eltern können ihr Wohnungsrecht und ihre RückAV vor dem Erlöschen in einem Zwangsversteigerungsverfahren nur schützen, wenn sie im Falle eines Falles, für einen längeren Zeitraum die verbleibenden Darlehnsraten übernehmen können, mit denen die Tochter Mustermann ausgefallen ist.

Beiden Beispielen des Anspruchs 3 ist zu entnehmen, dass die Banken grundsätzlich **nur** Baudarlehn gewähren, wenn die Darlehn mit Grundschulden an vorderster Rangposition abgesichert werden.
Grund: Die Banken können keine Immobilie in der Zwangsversteigerung an den „Mann bringen“, wenn noch ein Wohnungsrecht und eine RückAV im Grundbuch bestehen bleibt. Im Zwangsversteigerungsverfahren sind diese Objekte für potentielle Ersteher[219] wertlos. Der Neueigentümer (Ersteher) müsste die Immobilie mit den bestehenbleibenden Rechten der Eltern ersteigern und das Hausgrundstück mit diesen teilen.
Potentielle Bietinteressenten bleiben im Verfahren aus. Oder die Immobilie müsste zu einem Gebot versteigert werden, welches für die Gläubigerbank unattraktiv ist.
Hierin liegt der Grund, warum die Banken auf eine Rangposition

219 Mit Ersteher wird im Zwangsversteigerungsverfahren die Person bezeichnet, auf dessen Gebot der Zuschlag erteilt wird, § 82 ZVG. Der Ersteher wird als neuer Eigentümer im Grundbuch eingetragen.

der Grundschuld pochen, die vor einem Wohnungsrecht und vor einer RückAV liegen muss.

3. 3. 2 Die Kontrollrechnung

Die Kontrollerechnung zeigt den Eltern Mustermann auf, welcher Grundschuldbetrag mit welcher monatlichen Belastung den beiden Rechten der Eltern vorgehen darf. Können die Eltern die errechnete monatliche Belastung im Falle eines Falles aus ihrem noch vorhandenen Vermögen aufbringen, dann können sie auch der entsprechenden Grundschuld den Vorrang einräumen.

Zwischenfazit zur Kontrollrechnung
Um die Sicherheit der für die Eltern eingetragenen Rechte zu festigen, gibt es nur diese eine Möglichkeit, zu überprüfen, ob die Eltern im Falle eines Falles, die Darlehnsraten der Tochter für einen längeren Zeitraum bedienen können oder nicht und damit eine drohende Zwangsversteigerung abwenden können.
Nur wenn die Eltern Mustermann diese Beträge notfalls Monat für Monat finanzieren können, dann können sie auch davon ausgehen, dass gegen die Eltern keine Zwangsversteigerung seitens der Immobilienbank betrieben werden wird (vergleichen Sie hierzu 3.2.8).
Die Mustermanns können ihre Kontrolle nur wirksam ausüben, wenn sie von der Tochter Mustermann bei einer bevorstehenden Kreditaufnahme, die die Eintragung einer Grundschuld (allgemein Grundpfandrecht) im Grundbuch nach sich zieht, um Zustimmung gebeten werden müssen.
Erfolgt diese Beteiligung seitens der Tochter nicht, so ist eine nachrangig eingetragene Grundschuld gegenüber der RückAV unwirksam und die Eltern können – wie oben bereits beschrieben – die Rechte aus der RückAV gegenüber der Tochter geltend machen. Mit der rechtlichen Folge, dass die Eltern wieder im Grundbuch als „Neu“ Eigentümer eingetragen werden.

Tipp: Geld sparen durch die Eintragung eines Rangvorbehalts

T.1.) Allgemeines zum Rangvorbehalt

Wenn die Eltern Mustermann bereits vor der Eintragung ihres Wohnungsrechtes und ihrer RückAV den Betrag errechnet haben, der ihren Rechten vorgehen kann, dann besteht für ihre Tochter die Möglichkeit, Kosten beim Notar und beim Amtsgericht – Grundbuchgericht – zu sparen.
Der Betrag, dem der Vorrang eingeräumt werden kann steht fest, so dass die Tochter gleichzeitig mit dem Antrag auf Eintragung des Wohnungsrechts und der RückAV auch den Antrag auf Eintragung je eines Rangvorbehalts[220] an den noch einzutragenden Rechten für die Eltern Mustermann stellen kann.

Die Regelungen des § 881 BGB geben der Tochter Mustermann die Möglichkeit, vor den Rechten der Eltern noch weitere Rechte (auch Grundpfandrechte) eintragen zu lassen, ohne dass die Tochter bei einer späteren Eintragung von Rechten in das Grundbuch die Eltern um Zustimmung bitten muss, denn die Eltern haben vorab für ein bestimmtes Recht oder für einen bestimmten Geldbetrag die Zustimmung erteilt.

Beispiel
Tochter Mustermann möchte zu einem späteren Zeitpunkt ein oder mehrere Grundpfandrechte (Grundschulden) in der Gesamthöhe von 250.000,- Euro vor den Rechten der Eltern Mustermann eintragen lassen. Die Eltern haben die Kontrollrechnung für den Fall der Fälle durchgeführt und für sich entschieden, dass sie, ggf. für einen längeren Zeitraum, die Ratenzahlungen für die Kredite bis zur Höhe von 250.000,- Euro übernehmen könnten.

220 § 881 BGB Vorbehalt

Die Voraussetzungen für die Eintragung eines Rangvorbehalts an den Rechten der Eltern liegen vor. Im Grundbuch würde an jedem Recht der Eltern nachfolgender Rangvorbehalt eingetragen:

Wohnungsrecht für die Eltern Mustermann mit dem Zusatz:
„... Vorbehalten bleibt der Vorrang für noch einzutragende Grundpfandrechte bis zu 250.000,- Euro zuzüglich bis zu 20 % Zinsen und einer einmaligen Nebenleistung bis zu 10 % ab ...“

Rückauflassungsvormerkung für die Eltern mit dem Zusatz:
„... Vorbehalten bleibt der Vorrang für noch einzutragende Grundpfandrechte bis zu 250.000,- Euro zuzüglich bis zu 20 % Zinsen und einer einmaligen Nebenleistung bis zu 10 % ab ...“

T.2.) Nutzen eines Rangvorbehalts

T.2.1.) Keine weitere Zustimmung

Die Tochter muss die Eltern nicht mehr um Zustimmung bitten, wenn eine Grundschuld bis zur obigen Höhe vor den Rechten der Eltern eingetragen werden soll.

T.2.2.) Keine weiteren Grundbuchkosten

Der Rangvorbehalt wird im Grundbuch als „Nebenrecht“ eingetragen. Die Eintragung eines Nebenrechts ist nach dem Gerichts- und Notarkostengesetz (GNotKG) gebührenfrei[221], so dass keine Kosten für die Eintragung des Rangvorbehalts zu zahlen sind, wenn

221 Das Gerichts- und Notarkostengesetz (GNotKG) kennt keinen Gebührentatbestand „Eintragung eines Rangvorbehalts“ mithin handelt es sich um ein gebührenfreies Nebengeschäft.

der Rangvorbehalt gleichzeitig mit dem Wohnungsrecht und der RückAV eingetragen wird.

T.2.3.) Keine weiteren Notarkosten

Würde kein Rangvorbehalt im Grundbuch eingetragen, so müssten die Eltern in einer kostenpflichtigen notariellen Urkunde den Rangrücktritt ihrer Rechte hinter der Grundschuld erklären. Für die Eintragung des Rangrücktritts im Grundbuch berechnet das Amtsgericht ebenfalls Gebühren.
Insgesamt müsste die Tochter circa folgende Kosten zahlen:

- **Kosten für die notarielle Urkunde:**
  Bestellung der Grundschuld (Wert: 250.000,- €) ca. 660,45 €
  Zwei Rangrücktrittserklärungen ca. 258,83 €

- **Kosten für die Eintragungen beim Grundbuchgericht:**
  Eintragung einer Grundschuld (Wert: 250.000,- €) ca. 545,00€[222]
  Eintragung der Rangrücktritte[223]: ca. 109,50 €

Diese Kosten in Höhe von insgesamt **368,33 Euro,** die sich aus den 258,83 € Notargebühren und den 109,50 € Eintragungsgebühren beim Grundbuchgericht errechnen, können seitens der Tochter eingespart werden, wenn der Rangvorbehalt gleichzeitig mit der Eintragung des Wohnungsrechts und der RückAV im Grundbuch erfolgt.

222 Enthalten sind die Kosten für einen unbeglaubigten Grundbuchauszug in Höhe von 10,- € gem. Kostenverzeichnisnummer (KV) 1700 des GNotKG

223 Rangrücktritt des Wohnungsrechts und Rangrücktritt der RückAV

3. 3. 3 Gesamtfazit zur Belastung des Hauses mit Grundpfandrechten ohne Zustimmung der Eltern

Bevor die Eltern Mustermann einer Grundschuld den Vorrang im Grundbuch, vor den für sie eingetragenen Rechten, einräumen, müssen sie **immer** eine Kontrollrechnung durchführen, an deren Ende die Antwort stehen **muss:**

„… ja, wir, als Eltern, können im Falle eines Falles für einen längeren Zeitraum die Ratenzahlungen für die noch einzutragende Grundschuld aus unserem Vermögen finanzieren …“

Ist die Antwort im Anschluss an die Kontrollrechnung hingegen

„ … nein …“;

dann dürfen die Mustermanns auf **keinen Fall** einer Grundschuld in der gewünschten Höhe den Vorrang einräumen!
Die Eltern müssen im Anschluss errechnen, welcher Geldbetrag ihrem Wohnungsrecht und ihrer RückAV maximal im Grundbuch vorgehen darf. Erst nach dieser Rechnung können die Eltern Mustermann den Rangrücktritt oder den kostengünstigeren Rangvorbehalt an ihren Rechten eintragen lassen.

3. 4 Anspruch
Tod der Tochter ohne Hinterlassung von Abkömmlingen

3. 4. 1 Allgemeines

Um diesen schuldrechtlichen Anspruch mit Leben zu füllen, muss auf die Ausführungen aus dem I. Kapitel und den darin enthaltenen erbrechtlichen Regelungen des BGB zurückgegriffen werden.

Die Problematik, die sich hinter dem Anspruch verbirgt, soll anhand des nachfolgenden Beispiels verdeutlicht werden.

Eingangsbeispiel
Tochter Mustermann hat das Hausgrundstück von ihren Eltern übertragen bekommen. Nach einem Jahr heiratet die Tochter und errichtet im Anschluss mit ihrem Ehemann ein wirksames gemeinschaftliches privatschriftliches Ehegattentestament. In diesem Testament haben sich die Ehegatten gegenseitig zu Alleinerben eingesetzt. Zwei Jahre nach Errichtung des Testaments verunglückt die Tochter bei einem Verkehrsunfall tödlich. Tochter Mustermann hatte keine Abkömmlinge (leibliche Kinder) hinterlassen.

3. 4. 2 Erbfolge nach dem Tod der Tochter Mustermann

Aufgrund des vorliegenden Ehegattentestaments ist der Ehemann und Schwiegersohn der Eltern Mustermann zum Alleinerben nach der Tochter berufen. Mit der Folge, dass das Hausgrundstück, welches die Eltern Mustermann der Tochter übertragen haben, in das Eigentum des Schwiegersohnes übergegangen ist (Gesamtrechtsnachfolge gem. § 1922 BGB).

Fortsetzung des Eingangsbeispiels

Nach ein paar Jahren heiratet der Schwiegersohn der Mustermanns ein zweites Mal. Mit seiner zweiten Ehefrau errichtet er wiederum ein wirksames privatschriftliches gemeinschaftliches Testament, in dem sich die Ehegatten jeweils zu Alleinerben des anderen Ehegatten eingesetzt haben. Kurz nach der Errichtung des Testaments verunglückt der Schwiegersohn bei einem tragischen Arbeitsunfall tödlich.

3. 4. 3 Erbfolge nach dem verstorbenen Schwiegersohn der Mustermanns

Nach dem wirksamen Testament ist die zweite Ehefrau des Schwiegersohnes der Mustermanns Alleinerbin geworden. Die Alleinerbschaft beinhaltet somit auch das, von den Eltern Mustermann auf die Tochter übertragene, Hausgrundstück.
Nach zwei Erbfolgen ist das frühere Eigenheim der Mustermanns, an eine für die Eltern völlig fremde Person (zweite Ehefrau) wirksam übergegangen.
Nach diesem wirksamen Rechtsübergang des Hausgrundstücks müssen nun die Eltern Mustermann mit einer ihnen „fremden Person“ in einem Haus wohnen.

3. 4. 4 Fazit für die Eltern Mustermann aus den zwei geschilderten Erbfolgen

Um diesen rechtlichen Konstellationen aus dem Wege zu gehen, ist es sinnvoll den Anspruch „*Tod der Tochter ohne Hinterlassung von Abkömmlingen*“ im Grundbuch mit der RückAV für die Eltern Mustermann abzusichern.
Jedoch sollte der zu sichernde Anspruch im notariellen Übertragungsvertrag zwischen den Eltern und der Tochter noch detaillierter geregelt werden, s.u..

3.4.4.1 Vereinbarung einer Frist zur Geltendmachung des Rückforderungsrechts

Zwischen Eltern und Tochter sollte eine Frist von beispielsweise einem Jahr vereinbart werden. In dieser Frist müssen sich die Eltern erklären, ob sie das Hausgrundstück zurückfordern oder nicht. Nach Ablauf der Jahresfrist wird sowohl auf der Seite der Eltern, wie auch auf der Seite des Erben (Schwiegersohn) wieder Rechtssicherheit über das Eigentum am Hausgrundstück herrschen.

3.4.4.2 Warum sollte die Jahresfrist vereinbart werden?

Diese Frist dient dazu, dem Erben (Schwiegersohn) nach einem Jahr die Gewissheit zu verschaffen, ob er Eigentümer des Hausgrundstückes bleibt oder nicht. Würde die Frist in der Formulierung der notariellen Urkunde nicht enthalten sein, so hätten die Eltern ein Wahlrecht, wann sie ihren Rückforderungsanspruch durchsetzen möchten. Eventuell in einem, zwei, drei oder vier Jahren oder, oder. Dieser für den Schwiegersohn unhaltbare Rechtszustand könnte von den Mustermanns gegenüber dem Schwiegersohn auch als Druckmittel, getreu dem Motto

> … *„Schwiegersohn, du hast schon wieder den Rasen nicht gemäht! Einmal noch und wir fordern das Hausgrundstück zurück!"* …

eingesetzt werden.

Die Jahresfrist gibt den Eltern die Möglichkeit, sich auf die geänderte Situation einzustellen und das Für und Wider einer Rückforderung des Hausgrundstückes abzuwägen.
Des Weiteren sollten die Mustermanns eine weitere Fallkonstellation in ihre Entscheidungsfindung miteinbeziehen. Die Eltern und die Tochter mit Schwiegersohn haben bereits über 20 Jahre harmonisch

in dem Haus zusammen gelebt und aus irgendwelchen Gründen sind aus der Ehe der Tochter keine Kinder hervorgegangen. In diesem Fall könnten die Eltern auch auf ihr Rückforderungsrecht verzichten und dem Schwiegersohn das Hausgrundstück überlassen.

Fazit
Die Eltern haben immer das Wahlrecht zwischen Rückforderung oder Verbleib des Hausgrundstücks im Eigentum des Schwiegersohnes. Dieses Wahlrecht wird ihnen jedoch nur gewährt, wenn sie sich das Wahlrecht (schuldrechtlicher Anspruch) im Grundbuch mit einer RückAV absichern lassen!

3.4.4.3 Formulierungsbeispiel für den Notar

„... verstirbt die Übertragsnehmerin (Tochter) ohne Hinterlassung von Abkömmlingen, so müssen sich die Übertragsgeber (Eltern) innerhalb einer Frist von einem Jahr nach dem Ableben der Übertragsnehmerin (Tochter) gegenüber dem Erben (Schwiegersohn) in einer notariellen Urkunde erklären, ob sie das Hausgrundstück zurückfordern oder nicht. Nach Ablauf der Frist geht das Hausgrundstück endgültig in das Eigentum des Erben (Schwiegersohn) über. ...“

3. 5 Anspruch Tod der Tochter mit Hinterlassung von Abkömmlingen

Für den Fall, dass die Tochter nach ihrem Ableben Abkömmlinge (Kinder) hinterlassen hat, können die Eltern Mustermann ebenfalls in dem notariellen Übertragungsvertrag Vorsorge treffen. Die Eltern können mit ihrer Tochter vereinbaren, dass die Tochter mit ihrem Rechtsnachfolger[224] (z.B. Schwiegersohn) spätestens drei

224 Rechtsnachfolger = Erbe gem. § 1922 BGB

Monate nach der Eheschließung einen Erbvertrag oder ein Ehegattentestament[225] errichten muss. Inhalt des Erbvertrages/Ehegattentestament sollen die allgemeinen erbrechtlichen Regelungen sein und darüber hinaus wird der Rechtsnachfolger (z.B. Schwiegersohn) verpflichtet, das Hausgrundstück binnen einer Frist von einem Jahr, nach dem Ableben der Tochter, auf die Abkömmlinge (Kinder) der Tochter zu übertragen.
Mit dieser Auflage stellen die Eltern Mustermann sicher, dass das Hausgrundstück weiterhin in Familienbesitz bleibt. Eigentümer werden aufgrund der erbvertraglichen/testamentarischen Regelung die Enkelkinder der Eltern Mustermanns.

Fazit
Kommt die Tochter dieser im notariellen Übertragungsvertrag vereinbarten Auflage (Errichtung eines Erbvertrages/Testaments) in der vorgegebenen Frist nicht nach, dann können die Eltern Mustermann das Hausgrundstück zurückfordern[226]. Dieser Anspruch kann im Grundbuch mit einer RückAV abgesichert werden, da es sich hierbei ebenfalls um einen schuldrechtlichen (vertraglichen) Anspruch handelt, den die Mustermanns mit ihrer Tochter vereinbart haben.

Tipp
Zusatzvereinbarung in dem Erbvertrag/Testament der Tochter mit dem Rechtsnachfolger (Ehemann)
Bei der obigen Verpflichtung zur Errichtung eines Erbvertrages zwischen Tochter und Schwiegersohn, sollten auch die Rechte des Ehemanns (Schwiegersohnes) nicht außer Acht gelassen werden.

Insbesondere muss für den Ehemann (Schwiegersohn) das „Wohnen" in der Immobilie der zukünftigen Eigentümer (Kinder) abgesichert werden. Würde dies nicht geschehen, dann müsste der

225 Regelungen zur Ausgestaltung eines Erbvertrages und eines Testaments, siehe Anlage 3

226 Beschluss des BGH vom 05.12.1996 Az.: V ZB 27/96

Ehemann (Schwiegersohn und Vater der Kinder) das Haus verlassen, denn er hat kein Recht an dem Hausgrundstück.
Aus diesem Grund sollte in dem Erbvertrag/Testament zwischen der Tochter und dem Rechtsnachfolger (Schwiegersohn) für den Ehemann/Schwiegersohn ein **lebenslanges Wohnrecht**[227] vereinbart werden. Dieses lebenslange Wohnrecht wird für den Ehemann (Schwiegersohn) im Wege der Übertragung des Hausgrundstücks an die Kinder (Abkömmlinge / Enkelkinder) im Grundbuch eingetragen. Das Wohnrecht berechtigt den Ehemann (Schwiegersohn) zur **Mit**benutzung der Wohnung, in der „seine" Kinder und jetzigen Eigentümer zum Zeitpunkt der Übertragung des Hausgrundstücks wohnen (Vergleich S. 70 ff).
Bei der Bestellung des Rechtes für den Erben (Schwiegersohn) ist darauf zu achten, dass ein **Wohnrecht** und **kein** Wohnungsrecht im Grundbuch verdinglicht (eingetragen) wird. Denn bei einem Wohnungsrecht würde dem Erben (Schwiegersohn) das Recht

"Wohnen unter Ausschluss des Eigentümers";

zustehen, mit der Folge, dass der Schwiegersohn die Wohnung alleine nutzen dürfte und die Kinder (Abkömmlinge) müssten sich eine neue Wohnung suchen.

T.1.) Hinweis

Bei der soeben dargestellten Fallsituation handelt es sich um die rechtliche Betrachtung des Wohnungsrechts. Bei einem intakten Familienleben würde der Schwiegersohn selbstverständlich seine leiblichen Kinder mit in die Wohnung aufnehmen, hiergegen bestehen auch keine rechtlichen Bedenken[228].
Jedoch könnte es im Laufe der Jahre zwischen dem Vater (Schwiegersohn) und den Kindern (Abkömmlingen) zu Spannungen

227 Wohnrecht vgl. §§1090, 1091 BGB

228 Vergleichen sie bitte die Ausführungen unter 1.4.7 und § 1093 Abs. 2 BGB

kommen und der Vater könnte dann auf sein ausschließliches Wohnungsrecht **„unter Ausschluss des Eigentümers (Kinder und Abkömmlinge)"** pochen. Mit der Folge für die Kinder, dass diese das Haus verlassen müssten.
Um dieser Gefahr aus dem Wege zu gehen, bietet sich die Bestellung eines Mitbenutzungsrechts für den Schwiegersohn an dem Hausgrundstück an. Dieses kann durch ein **Wohnrecht** für den Erben (Schwiegersohn) im Grundbuch gesichert werden. Der Vater (Erbe/Schwiegersohn) und die Kinder (Abkömmlinge) müssten sich – auch bei rechtlicher Betrachtung – die Wohnung teilen.
Vergleichen sie hierzu meine Ausführungen im II. Kapitel zu dem Wohnrecht unter Punkt 3 und dem Wohnungsrecht unter Punkt 4.

T.2.) Formulierungsbeispiel für den Erbvertrag/Testament der Tochter mit dem Schwiegersohn bei der Fallkonstellation: Tod mit Hinterlassung von Abkömmlingen

„…verstirbt die Ehefrau (Tochter) vor dem Ehemann, mit Hinterlassung von Abkömmlingen, so ist der Erbe (Ehemann) verpflichtet, binnen eines Jahres nach dem Ableben der Übertragsnehmerin (Tochter), das Hausgrundstück an die Abkömmlinge der Übertragsnehmerin (Kinder) aufzulassen[229]. Im Gegenzug wird dem Erben (Ehemann) ein lebenslanges Wohnrecht an dem Hausgrundstück …. eingeräumt. Die Eintragung des Wohnrechtes wird bereits jetzt seitens der Vertragspartner (Tochter und Schwiegersohn) bewilligt und beantragt…"

Mit dieser Auflage im Übertragungsvertrag stellen die Eltern sicher, dass ihr Hausgrundstück auf die nächste Generation übergeht.

T.3.) Fazit:

Für diese Fallkonstellation sollten die Eltern Mustermann das Für und Wider der Bestellung einer RückAV für den schuldrechtlichen

229 grundbuchrechtliche Übertragung des Hausgrundstücks auf die Kinder in einer notariellen Urkunde, § 925 BGB Auflassung

Rückforderungsanspruch „Tod mit Hinterlassung von Abkömmlingen“ abwägen.
In der gerichtlichen Praxis kommt es eher selten zur Absicherung dieses schuldrechtlichen Anspruchs.

3. 6 Anspruch Scheidung der Tochter

Die Eltern Mustermann können sich das Rückforderungsrecht des Hausgrundstücks vorbehalten, wenn die Scheidung der Ehe ihrer Tochter droht.
Mit dem wirksamen Eingang der Scheidungsunterlagen beim jeweiligen Amtsgericht steht den Eltern das Recht zu,

„das Hausgrundstück von ihrer Tochter zurück zu fordern“.

Mit diesem Anspruch können die Mustermanns verhindern, dass das Hausgrundstück in das Ehegattenausgleichsvermögen ihrer Tochter einfließt. Juristisch wird dieses Vermögen als „Endvermögen[230]“ bezeichnet.

3. 6. 1 Zugewinngemeinschaft

Bei ca. 90 % der heute geschlossenen Ehen wird unter den Eheleuten kein Ehevertrag[231] errichtet, so dass die Eheleute im gesetzlichen Güterstand der Zugewinngemeinschaft[232] leben.

230 § 1375 BGB Endvermögen; § 1373 BGB Begriff des Zugewinn

231 § 1408 BGB Ehevertrag, Vertragsfreiheit; Mit einem Ehevertrag können die Ehegatten für die Ehe bestimmte Regelungen und Vereinbarungen treffen, insbesondere für eine etwaige Scheidung. Der Ehevertrag muss gem. § 1410 BGB vor einem Notar in einer notariellen Urkunde errichtet werden.

232 § 1363 BGB Zugewinngemeinschaft

Geht man davon aus, dass die Tochter Mustermann mit ihrem Ehemann keinen Ehevertrag geschlossen hat und die Eltern Mustermann der Tochter das Hausgrundstück nach der Heirat übertragen haben, dann muss das Hausgrundstück im Falle einer Scheidung der Ehe der Tochter beim Ausgleich des Zugewinns[233] berücksichtigt werden. Mit der Folge, dass die Tochter an den Ehemann und Schwiegersohn evtl. einen Ausgleichsbetrag zahlen muss.

Um dieser Ausgleichszahlung vorzubeugen – der ggfs. den finanziellen Rahmen der Tochter übersteigt – können die Eltern Mustermann nach der Einreichung der Scheidungsunterlagen bei Gericht ihren Rückforderungsanspruch geltend machen.

Die Eltern sollten bei der Bestellung einer RückAV für den schuldrechtlichen Anspruch „Scheidung der Tochter" bedenken, dass dieser Anspruch auch seitens der Tochter als Druckmittel angesehen werden kann *(und wehe du lässt dich scheiden!)*, mit der Folge, dass die Tochter von der Übernahme des Hausgrundstückes absieht, oder sie aus Angst vor einer Rückforderung Investitionen in das Haus unterlässt.

3.6.1.1 Fazit

In der gerichtlichen Praxis kommt es eher selten zur Absicherung dieses schuldrechtlichen Anspruchs.

In den notariellen Übertragungsurkunden findet sich jedoch häufig eine andere Regelung, die die drohende Ausgleichszahlung im Wege des Zugewinnausgleichs abmildern kann.

Folgende Regelung wird zur Abmilderung von Ausgleichszahlungen in den notariellen Urkunden gewählt:

> *„...das Hausgrundstück wird der Tochter im Wege der vorweggenommenen Erbfolge als höchstpersönliche Schenkung übertragen. Das Hausgrundstück*

233 § 1372 BGB Zugewinnausgleich in anderen Fällen (außer Tod eines Ehegatten)

soll gemäß § 1374 Absatz 2 BGB dem Anfangsvermögen der Tochter zugeordnet werden…"

Ziel dieser Regelung ist es, dass das Hausgrundstück – mit dem veranschlagten Verkehrswert zum Zeitpunkt der Übertragung – in das Vermögen der Tochter Mustermann (Anfangsvermögen)[234] übergeht. Anfangsvermögen, ist das Vermögen, welches die Tochter bereits vor der Ehe erwirtschaftet hat. Durch die Zuordnung des Vermögensgegenstandes zum persönlichen Vermögen der Tochter ist dieser Vermögenswert bei der Berechnung des Zugewinnausgleichs[235] zwischen den Ehegatten nicht zu berücksichtigen, da dieser Wert nicht dem Endvermögen[236] zuzuordnen ist. Endvermögen ist das Vermögen, welches der Tochter zum Zeitpunkt der Scheidung zuzuordnen ist.

3.6.1.2 Berechnung des Zugewinnausgleichs Endvermögen des Ehegatten minus Anfangsvermögen des Ehegatten = Zugewinn

Für beide Ehegatten wird der Zugewinn gesondert berechnet. Übersteigt der Zugewinn des einen Ehegatten den Zugewinn des anderen Ehegatten, so steht dem schlechter gestellten Ehegatten der Zugewinnausgleich zu. Dieser beträgt 50% vom höheren Zugewinn[237].

234 § 1374 BGB Anfangsvermögen, Vermögen des jeweiligen Ehegatten bei der Eheschließung

235 § 1373 BGB Zugewinn; § 1376 BGB Wertermittlung des Anfangs- und Endvermögens

236 § 1375 BGB Endvermögen, Vermögen des jeweiligen Ehegatten bei Beendigung der Ehe.

237 § 1378 Absatz 1 BGB Ausgleichsforderung

Beispiel zur Berechnung des Zugewinnausgleichs

Anfangsvermögen der Tochter	50.000,- €
Allgemeiner Zugewinn[238]	50.000,- €
Endvermögen der Tochter	100.000,- €
Zugewinn der Tochter	50.000,- €

Anfangsvermögen des Ehemanns	20.000,- €
Allgemeiner Zugewinn	20.000,- €
Endvermögen des Ehemanns	40.000,- €
Zugewinn des Ehemanns	20.000,- €

Berechnung des Zugewinnausgleichs

Zugewinn der Ehefrau		50.000,- €
./.	Zugewinn des Ehemanns	20.000,- €
=	Zugewinnüberschuss	30.000,- €
davon 50% für den Ehemann als Zugewinnausgleich		**15.000,- €**

Der Ehemann kann von der Tochter Mustermann einen Zugewinnausgleich in Höhe von 15.000,- € fordern.

Berechnung des Zugewinnausgleichs, wenn die Immobilie während der Ehe der Tochter übertragen wird:

Investiert die Tochter Mustermann mit ihrem Ehemann während der Ehe in die Immobilie, so muss die Immobilie und die Wertsteigerung der Investition ausgeglichen werden.

238 Hierunter fallen alle Zuwächse bzgl. des Vermögens (Sparvermögen, Aktien, Lebensversicherungen, etc.)

Beispiel:
Alternative A:

• Anfangsvermögen der Tochter	50.000,- €
• Allgemeiner Zugewinn	50.000,- €
• Hausgrundstück wird während der Ehe an die Tochter übertragen (Wert)	400.000,- €
• Wertsteigerung des Hausgrundstücks während der Ehe	100.000,- €
• Endvermögen der Tochter Mustermann	**600.000,- €**

Berechnung des Zugewinns der Tochter Mustermann
Endvermögen minus Anfangsvermögen = Zugewinn
600.000,- € ./. 50.000,- € = 550.000,- €

Zur weiteren Berechnung wird davon ausgegangen, das der Ehemann obigen Zugewinn (20.000,- €) erwirtschaftet hat.

Berechnung des Zugewinnausgleichs unter den Ehegatten

Zugewinn der Ehefrau		550.000,- €
./.	Zugewinn des Ehemanns	20.000,- €
=	Zugewinnüberschuss	530.000,- €
davon 50% für den Ehemann als Zugewinnausgleich		**265.000,- €**

Der Ehemann kann von der Tochter Mustermann einen Zugewinnausgleich in Höhe von 265.000,- € fordern.[239]

239 Vermögensnachfolge in der Praxis, 6. Auflage, RdNr. 2564

Alternative B:
Berechnung des Zugewinnausgleichs, wenn die Immobilie dem Anfangsvermögen der Tochter zugeordnet wird

• Anfangsvermögen der Tochter	50.000,- €
• Allgemeiner Zugewinn	50.000,- €
• Hausgrundstück wird den Anfangsvermögen der Tochter zugeordnet (Wert)	400.000,- €
• Wertsteigerung des Hausgrundstücks während der Ehe	100.000,- €
Endvermögen der Tochter Mustermann	**600.000,- €**

Berechnung des Zugewinns der Tochter Mustermann

Endvermögen minus Anfangsvermögen = Zugewinn
600.000,- € ./. 450.000,- €[240] = 150.000,- €

Zur weiteren Berechnung wird davon ausgegangen, das der Ehemann obigen Zugewinn (20.000,- €) erwirtschaftet hat.

Berechnung des Zugewinnausgleichs unter den Ehegatten

Zugewinn der Ehefrau		150.000,- €
./.	Zugewinn des Ehemanns	20.000,- €
=	Zugewinnüberschuss	130.000,- €
davon 50% für den Ehemann als Zugewinnausgleich		**65.000,- €**

Der Ehemann kann von der Tochter Mustermann einen Zugewinnausgleich in Höhe von 65.000,- € fordern.

240 Gesamtanfangsvermögen 450.00,- € (50.000,- € Anfangsvermögen plus 400.000,- € Wert des Hausgrundstücks zum Zeitpunkt der Übertragung)

3.6.1.3 Gesamtfazit

Die Beispiele verdeutlichen, dass es sinnvoll ist, die Übertragung des Hausgrundstückes im Wege der vorweggenommenen Erbfolge, als höchstpersönliche Schenkung an die Tochter, zu übertragen. Denn bei der Alternative B erhält der Ehemann die ihm zustehende Ausgleichszahlung aus dem geringeren Zugewinn, da die Investitionen in der Ehe von beiden Ehegatten durchgeführt wurden.

Den Eltern Mustermann bleibt es überlassen, ob sie die Immobilie im Wege der vorweggenommenen Erbfolge, als höchstpersönliche Schenkung übertragen. Mit der Folge, dass das Hausgrundstück dem Anfangsvermögen der Tochter zugeordnet wird (Alternative B) oder ob sich die Eltern den Rückforderungsanspruch „Scheidung der Tochter" mit einer RückAV absichern lassen.
Vorteilhaft ist die Alternative B, hier bleibt das Hausgrundstück im Eigentum der Tochter. Weitere Notar- und Gerichtskosten fallen nicht an. Aus der gerichtlichen Praxis ist bekannt, dass die Alternative B bevorzugt wird.

3. 6. 2 Hinweis für die weiteren Güterstände: (Anlage?)

3.6.2.1 Gütergemeinschaft

Wesen des Güterstandes der Gütergemeinschaft[241] ist es, dass das Vermögen der beiden Ehegatten gemeinschaftliches Vermögen der beiden Ehegatten wird. Die Gütergemeinschaft soll zum Ausdruck bringen, dass zumindest theoretisch beide Ehegatten genau die gleichen Anteile an dem gemeinschaftlichen Vermögen halten. Auch bei der Gütergemeinschaft gibt es „Anfangs- und Endvermögen",

241 § 1415 BGB Vereinbarung durch Vertrag (Gütergemeinschaft)

die juristischen Begriffe lauten hier, Vorbehaltsgut[242] (Anfangsvermögen) und Gesamtgut[243] (Endvermögen beider Ehegatten).

Hat die Tochter Mustermann mit ihrem Ehegatten in einem notariell beurkundeten Ehevertrag den Güterstand der Gütergemeinschaft vereinbart, so können die Eltern Mustermann der Tochter das Hausgrundstück ebenfalls als höchstpersönliche Schenkung im Wege der vorweggenommenen Erbfolge übertragen. Beim Vorliegen der Gütergemeinschaft würde folgende Erklärung in dem notariellen Übertragungsvertrag aufgenommen:

> *„…das Hausgrundstück wird unserer Tochter als höchstpersönliche Schenkung im Wege der vorweggenommenen Erbfolge übertragen. Das Hausgrundstück soll gemäß § 1418 BGB dem Vorbehaltsgut der Tochter zugeordnet werden…"*

Fazit
Durch diese Formulierung erzielen die Eltern Mustermann die gleiche Wirkung, wie bei der Zuordnung des Hausgrundstücks in das Anfangsvermögen der Tochter bei dem Güterstand der Zugewinngemeinschaft.

3.6.2.2 Gütertrennung

Durch die Gütertrennung erfolgt eine vollständige Trennung der Vermögensmassen beider Ehegatten, ohne dass nach der Scheidung der Ehe von einem der beiden ein Zugewinnausgleich zu gewähren ist.
Hat die Tochter Mustermann mit ihrem Ehemann den Güterstand der Gütertrennung[244] in einer notariellen Urkunde gewählt, dann sind die Vermögensmassen der Ehegatten kraft Gesetzes bereits

242 § 1418 BGB Vorbehaltsgut
243 § 1416 BGB Gesamtgut
244 § 1414 BGB Eintritt in die Gütertrennung

getrennt, so dass die Eltern Mustermann der Tochter das Hausgrundstück als höchstpersönliche Schenkung im Wege der vorweggenommenen Erbfolge übertragen können. Das Hausgrundstück geht in das Vermögen der Tochter über. Im Falle einer Scheidung muss die Tochter keine Ausgleichszahlungen an den Ehegatten zahlen, da die Vermögensmassen der Ehegatten von Anfang an getrennt waren.

Fazit

Folgende Regelung genügt in einem notariellen Übertragungsvertrag, wenn die Tochter den Güterstand der Gütertrennung vereinbart hat:

> „*...das Hausgrundstück wird unserer Tochter als höchstpersönliche Schenkung im Wege der vorweggenommenen Erbfolge übertragen...*“

3. 7 Anspruch Auszug der Tochter aus der übertragenen Immobilie

Die Eltern Mustermann können sich einen weiteren schuldrechtlichen Anspruch mit einer RückAV im Grundbuch sichern lassen. Bei diesem Anspruch können die Eltern das Hausgrundstück zurückverlangen, wenn die Tochter mit ihrer Familie aus dem übertragenen Haus auszieht.

Fazit

Dieser Anspruch wird sehr selten im Grundbuch gesichert, da viele Gründe und Zwänge in der Familie der Tochter auftreten können, die einen Auszug aus der übertragenen Wohnung unumgänglich machen.

Ist nun im Grundbuch der Anspruch „Auszug aus dem übertragenem Haus“ abgesichert, so könnten die Eltern das Hausgrundstück zurückfordern.

3. 8 Anspruch Vermietung der Wohnung/des Hauses durch die Tochter

Auch dieser Anspruch wird kaum bis gar nicht mit einer RückAV im Grundbuch gesichert.
Der Vermietung einer Wohnung im übertragenen Haus können seitens der Tochter verschiedene private oder wirtschaftliche Erwägungen zu Grunde liegen, die die Tochter kaum beeinflussen kann. Gegebenenfalls muss die Tochter aus beruflichen Gründen umziehen. Sie kann die Immobilie jedoch nur „halten“, wenn sie die leerstehende Wohnung vermietet und mit den monatlichen Mieteinnahmen die Darlehnsforderungen bei der Immobilienbank bedient.

Fazit
Ist die Wohnung durch die Tochter vermietet, so können die Eltern das Hausgrundstück zurückfordern. Der durch die Tochter geschlossene Mietvertrag bleibt weiterhin wirksam. Gem. § 566 BGB gilt *„Kauf bricht Miete nicht“* und bedeutet, ein neuer Eigentümer muss in einem bestehenden Mietvertrag eintreten. Im Anschluss kann der neue Eigentümer (Eltern) den Mietvertrag unter Beachtung der gesetzlichen Fristen kündigen.

3. 9 Anspruch Pflegebedürftigkeit der Tochter und eine notwendige Unterbringung in einem Pflegeheim

Tritt der Fall ein, dass die Tochter vor dem Ableben der Eltern Mustermann in einem Pflegeheim auf Dauer untergebracht werden muss, so können sich die Eltern Mustermann diese Lebenslage, als Anspruch auf Rückübertragung des Hausgrundstücks, absichern.
Nach dem Sozialgesetzbuch X, ist jede Person verpflichtet, seinen eigenen Unterhalt zu gewährleisten. Wird nun die Tochter in einem Pflegeheim dauerhaft untergebracht, so ist sie verpflichtet, ihren Heimpflegeplatz – unter Berücksichtigung der Zuschüsse aus der Pflegeversicherung – selbst zu finanzieren. Diese Situation kann dazu führen, dass sie im schlimmsten Fall das Hausgrundstück verkaufen muss. Die häufiger anzuwendende Alternative ist, dass der Sozialhilfeträger der Tochter Mustermann den Differenzbetrag, den die Tochter aus Eigenmitteln nicht aufbringen kann, im Rahmen eines Darlehens gewährt. Dieses Darlehen würde im Grundbuch mit einer Grundschuld für den Sozialhilfeträger abgesichert. Mit der Folge, dass beim Verkauf des Hausgrundstücks, das Darlehen beim Sozialhilfeträger zurückgezahlt werden muss.[245].
Um den Vermögenswert „Hausgrundstück" nicht für die Pflegeunterstützung der Tochter einsetzen zu müssen, können sich die Eltern Mustermann diesen Rückübertragungsanspruch ebenfalls mit der RückAV im Grundbuch absichern lassen.

Hinweis

In der gerichtlichen Praxis wird der o.g. Anspruch vermehrt mit einer RückAV abgesichert.

245 Mit dieser Fallgestaltung wird nur grob der Sachverhalt „Pflegebedürftigkeit der Tochter" umrissen, um den möglichen Rückforderungsanspruch für die Eltern Mustermann darzustellen. Vertiefend soll hier auf das Sozialrecht nicht eingegangen werden.

3. 10 Fazit zu sämtlichen schuldrechtlichen Ansprüchen

Bis hierher wurden zehn verschiedene schuldrechtliche Ansprüche vorgestellt. Diese Ansprüche können sich die Eltern Mustermann mit einer RückAV im Grundbuch absichern. Aus der gerichtlichen Praxis ist bekannt, dass in einem Großteil der eingereichten Übertragungsverträge lediglich die Ansprüche eins bis fünf mit einer RückAV gesichert werden.
Bei der Auswahl der verschiedenen schuldrechtlichen Ansprüche sollten die Eltern folgendes bedenken:

„Je mehr Ansprüche die Eltern sich mit einer RückAV im Grundbuch absichern lassen, desto geringer wird der Spielraum für die Tochter. Je geringer der Spielraum, desto unattraktiver und unwahrscheinlicher wird eine Übernahme des Hausgrundstücks durch die Tochter.“

3. 11 Müssen die Eltern einen Ausgleich an die Tochter zahlen, wenn diese das Hausgrundstück zurückgefordert haben?

Leider gibt es auch bei diesem Themengebiet kein eindeutiges „Ja“ und auch kein eindeutiges „Nein“.
Haben die Eltern Mustermann das Hausgrundstück von der Tochter zurückgefordert, so müssen sich die Eltern auch den Rückforderungsanspruch ansehen, den sie geltend gemacht haben. Das bedeutet für die Mustermanns, entweder nehmen die Eltern eine Differenzierung zu jedem schuldrechtlichen Anspruch vor und entscheiden, ob sie eine Ausgleichszahlung vornehmen möchten oder nicht.
Die andere Möglichkeit ist, dass die Eltern die Zahlung eines Ausgleichs generell ausschließen oder generell vereinbaren.

Um diese Frage beantworten zu können, müssen sich die Mustermanns fragen, „Wozu dient die Ausgleichszahlung?"
Die Antwort soll anhand eines Beispiels erläutert werden.

Beispiel:
Die Eltern Mustermann haben ihrer Tochter das Hausgrundstück vor 10 Jahren übertragen, zu diesem Zeitpunkt hatte die Immobilie einen geschätzten Verkehrswert von ca. 380.000,- Euro. Die Tochter hat direkt nach der Übertragung des Hausgrundstücks ein Darlehn in Höhe von 200.000,- Euro bei der Hausbank aufgenommen und die Darlehnssumme in voller Höhe in die Immobilie investiert. Die Hausbank schätzt den derzeitigen Verkehrswert der Immobilie auf ca. 600.000,- Euro. Das Darlehn valutiert noch in Höhe von 100.000,- Euro.
Würden die Eltern Mustermann heute das Hausgrundstück von der Tochter zurückfordern, dann würde sich ein Ausgleichsbetrag, für die von der Tochter getätigten Investitionen, wie folgt ergeben:

derzeitiger Verkehrswert	600.000,- Euro
./. bestehender Darlehnsvaluta	100.000,- Euro
./. Verkehrswert vor 10 Jahren	380.000,- Euro
= Ausgleichsbetrag	**120.000,- Euro**

Mit der Rückforderung des Hausgrundstücks müssen die Eltern die monatlichen Darlehnsraten übernehmen, da ansonsten die Zwangsversteigerung der Immobilie droht, denn die Eltern können davon ausgehen, dass die Tochter die monatlichen Ratenzahlungen nicht weiter bedienen wird. Somit ergibt sich eine reine Wertsteigerung für die Immobilie in Höhe von 120.000,- Euro.

In dem notariellen Übertragungsvertrag können die Eltern mit der Tochter verschiedene Möglichkeiten vereinbaren, wie eine Wertsteigerung der Immobilie ausgeglichen werden soll oder die Eltern vereinbaren mit der Tochter,

„…im Falle einer Rückforderung der Immobilie werden Wertsteigerungen nicht ausgeglichen…"

Diese Formulierung im notariellen Übertragungsvertrag ist die einfachste. Fraglich ist, ob diese Regelung auch die Zustimmung der Tochter findet!
Mit der obigen Regelung werden alle Rückforderungsansprüche, die mit der RückAV im Grundbuch für die Eltern abgesichert wurden

„über einen Kamm geschoren!"

Eine Differenzierung zwischen den verschiedenen Rückforderungsansprüchen zu treffen, ist aus der Sicht beider Vertragsparteien sinnvoll.

3. 12 Differenzierung bei der Zahlung eines Ausgleichsbetrages.

Zum **1. Anspruch**
(Verkauf/Veräußerung des Hauses ohne Zustimmung der Eltern)

Zum **4. Anspruch**
(Belastung des Hauses ohne Zustimmung der Eltern)
Bei beiden schuldrechtlichen Ansprüchen sollte auf die Zahlung eines Ausgleichsbetrages verzichtet werden, denn beiden Ansprüchen liegt ein Vertrauensbruch seitens der Tochter zugrunde.

Zum **2. Anspruch**
(Drohende Insolvenz der Tochter)

Zum **3. Anspruch**

(Drohende Zwangsversteigerung des Hauses)

Bei einer drohenden Insolvenz oder bei einer drohenden Zwangsversteigerung sollten die Eltern auf die Zahlung von Ausgleichsbeträgen verzichten, da diese Beträge durch Gläubiger der Tochter gepfändet werden können.

Bei den vorgenannten Ansprüchen liegt seitens der Tochter kein Vertrauensbruch vor. Aus irgendwelchen Gründen ist die Tochter mit ihrer Familie in diese Notlage geraten, so dass grundsätzlich über die Zahlung eines Ausgleichsbetrags nachgedacht werden kann. Wie oben geschildert, besteht die Gefahr, dass Gläubiger der Tochter diesen Betrag pfänden. Sinnvoller ist es, der Tochter ein unentgeltliches Wohnungsrecht an dem Hausgrundstück einzuräumen. Mit dieser Regelung kann die Tochter – den ihr zustehenden Ausgleichsbetrag – „abwohnen“.

Gläubiger der Tochter haben keinen Zugriff auf den Ausgleichsbetrag, da das Wohnungsrecht ein höchstpersönliches Recht ist, welches nur der Tochter mit ihrer Familie zusteht. Gläubiger der Tochter können das Wohnungsrecht nicht pfänden[246]. Bei einer entsprechende Vereinbarung über die Gestellung eines Wohnungsrechts sollten die Mustermanns darauf achten, dass die *„Ausübung des Wohnungsrechts Dritten nicht gestattet ist“* (Vergleich Kapitel II Wohnungsrecht, Vergleich Nr. 2.4.11).

Zum **5. Anspruch**

(Tod der Tochter ohne Hinterlassung von Abkömmlingen)

Bei diesem Rückforderungsanspruch bietet sich die Zahlung eines Ausgleichsbetrages an den Erben (Schwiegersohn) an. Der Schwiegersohn hat eventuell eigenes Vermögen in den Umbau des Hauses investiert. Würde eine Zahlung seitens der Schwiegereltern unterbleiben, wäre der Schwiegersohn eindeutig benachteiligt. Ziel des

246 § 857 Absatz 1 Nr. 3 ZPO Zwangsvollstreckung in andere Vermögensrechte

Anspruches ist es, die Immobilie im Familienbesitz zu halten und nicht den Schwiegersohn zu benachteiligen.

Zum **6. Anspruch**
(Tod der Tochter mit Hinterlassung von Abkömmlingen)

Der Rückforderungsanspruch der Eltern Mustermann gegenüber der Tochter besteht nur, wenn es die Tochter versäumt hat, nach der Eheschließung einen notariellen Ehevertrag mit dem Schwiegersohn zu errichten. Mit diesem Anspruch verfolgen die Eltern Mustermann das Ziel, dass die Immobilie im Familienbesitz bleiben soll. Die Tochter erhält die Auflage, nach der Eheschließung einen Erbvertrag zu schließen. Kommt sie der Auflage nicht nach, dann können die Eltern Mustermann die Immobilie zurückfordern und auf die Zahlung eines Ausgleichsbetrages verzichten.

Zum **7. Anspruch**
Ehescheidung der Tochter

Dieser Anspruch muss mit einer RückAV im Grundbuch nicht abgesichert werden. Aus den detaillierten Erläuterungen zu diesem Anspruch ergibt sich, dass es sinnvoller ist, Regelungen für die Ehescheidung der Tochter bereits im Übertragungsvertrag aufzuführen. Dieser Anspruch soll die Tochter vor überhöhten Eheausgleichsansprüchen des Ehemanns schützen.

Zum **8. Anspruch**
(Auszug der Tochter aus der übertragenen Immobilie)

Zum **9. Anspruch**
(Vermietung der Wohnung / des Hauses durch die Tochter)

Wenn die Ansprüche mit einer RückAV abgesichert wurden, dann steht der Tochter auch ein Ausgleichsbetrag zu. Gerade bei diesem Ansprüchen können sich wirtschaftliche und oder familiäre Zwänge ergeben, die die Tochter zu einem Auszug und zur Vermietung der Immobilie drängen, obwohl sie diese kaum beeinflussen kann.

4. Gesamtfazit zu Kapitel III und der Rückauflassungsvormerkung

In diesem Kapitel wurde die Notwendigkeit der Eintragung einer Rückauflassungsvormerkung in das Grundbuch detailliert anhand der einzelnen schuldrechtlichen Ansprüche erläutert. Der Verzicht auf die Eintragung einer RückAV für die Eltern Mustermann ist meines Erachtens grob fahrlässig. Mit dem Verzicht auf die RückAV verzichten die Eltern Mustermann auf jegliches Mitspracherecht an dem übertragenen Hausgrundstück.

Empfehlung

Wenn ich für unsere Beispielfamilie Mustermann handeln sollte, dann würde ich für die Eltern Mustermann selbstverständlich eine Rückauflassungsvormerkung ins Grundbuch eintragen lassen. Ich würde die schuldrechtlichen Ansprüche 1 – 5 mit einer RückAV absichern, da diese für die Eltern Mustermann ein hohes Maß an Sicherheit bieten.

Wichtiger Rat

Die RückAV, wie auch das Wohnungsrecht bieten für die Eltern Mustermann nur dann die größtmögliche Sicherheit, wenn die Eltern den folgenden Rat befolgen:

> *„Räumen sie Grundschulden nur dann den Vorrang ein, wenn sie auch deren Darlehnsbeträge im Falle eines Falles finanzieren können!"*

KAPITEL IV

Aufbau des Grundbuches

1. ALLGEMEINES

In den Kapiteln I. – III. wurden die Absicherungsmöglichkeiten für die Eltern im Grundbuch behandelt. In diesem Kapitel werden der Aufbau sowie das richtige Lesen eines Grundbuchblattes beschrieben.
In dem bereits vorhandenen Grundbuch der Eheleute Mustermann sind die geänderten Rechtsverhältnisse eingetragen worden, die da wären:

- Eigentumsübertragung auf Inge Mustermann (Tochter)
- Eintragung eines Wohnungsrechts für die Eheleute Karl und Maria Mustermann
- Eintragung einer Rückauflassungsvormerkung für die Eheleute Karl und Maria Mustermann
- Eintragung einer Grundschuld in Höhe von 200.000,- Euro
- Die Grundschuld ist im Range vor dem Wohnungsrecht und der Rückauflassungsvormerkung eingetragen worden

2. GRUNDSÄTZE DES GRUNDBUCHRECHTS

Für jedes Grundstück, welches in der Bundesrepublik Deutschland verzeichnet ist, wird ein Grundbuch angelegt. In diesem Grundbuch finden sich alle Informationen wieder, die für das Grundstück notwendig sind. Dabei wird das Grundbuch in die sogenannte Grundbuchakte und in das Grundbuchblatt unterteilt.

Grundbuch

Grundbuchakte	**Grundbuchblatt**
(zur Aufbewahrung der Schriftwechsel, Urkunden, etc.)	(Zur Feststellung der Rechtsverhältnisse des Grundstücks)

2. 1 GRUNDBUCHAKTE

In der Grundbuchakte werden sämtliche Urkunden, Anträge, Rechnungsdurchschriften und Schriftwechsel abgeheftet, die mit dem jeweiligen Grundstück in Beziehung stehen.

2. 2 GRUNDBUCHBLATT

Das Grundbuchblatt wird seit einigen Jahren in digitaler Form geführt. Die Einsicht und Bearbeitung eines Grundbuches erfolgt ausschließlich digital und unter Verwendung von speziellen Software - Programmen. Der Eigentümer hat die Möglichkeit, bei dem für sein Grundbuch zuständigen Amtsgericht, Einsicht in sein Grundbuch zu nehmen oder er wendet sich an einen Notar seines Vertrauens. Dieser kann sich aus dem Notariat heraus in das System einloggen und die Einsicht vornehmen. Der Zugriff auf das System durch einen Notar ist kostenpflichtig, die persönliche Einsicht in der Geschäftsstelle des Amtsgerichts ist kostenlos.

2. 3 Grundbuchabschrift

Der Eigentümer kann von seinem Grundbuch einen Grundbuchauszug[247] beantragen. Bei den Grundbuchauszügen wird zwischen einem beglaubigten[248] und einem unbeglaubigten[249] Grundbuchauszug[250] unterschieden. Mustermanns haben einen Grundbuchauszug beantragt und diesen vom Amtsgericht erteilt bekommen. Nun stellt sich für die Mustermanns die Frage:

„Wie lese ich einen Grundbuchauszug?“

3. Lesen eines Grundbuchblatts

3. 1 Allgemeines

Das Grundbuchblatt besteht aus vier Unterabschnitten, die wie folgt bezeichnet sind:

- Bestandsverzeichnis
- Abteilung I

---

247 Komplette Abschrift des Grundbuchblattes

248 Gebühr für einen beglaubigten Grundbuchauszug gemäß KV 17001 GNotKG 20,- Euro

249 Gebühr für einen unbeglaubigten Grundbuchauszug gemäß KV 17001 GNotKG 10,- Euro

250 Mit dem Begriff „Beglaubigung“ wird amtlich/öffentlich bestätigt, dass eine Abschrift (Grundbuchauszug) inhaltlich mit der Urschrift (Grundbuchblatt) identisch ist.
Der Beglaubigungsvermerk enthält
1) die Feststellung, dass die beglaubigte Abschrift/Kopie mit dem vorgelegten Schriftstück übereinstimmt,
2) die genaue Bezeichnung des Schriftstückes, dessen Abschrift/Kopie beglaubigt wird (außer der Beglaubigungsvermerk wird direkt auf der Kopie selbst angebracht),
3) den Ort und den Tag der Beglaubigung, die Unterschrift des für die Beglaubigung zuständigen Bediensteten und das Dienstsiegel

- Abteilung II
- Abteilung III

Welche Eintragungen erfolgen in den jeweiligen Unterabschnitten?

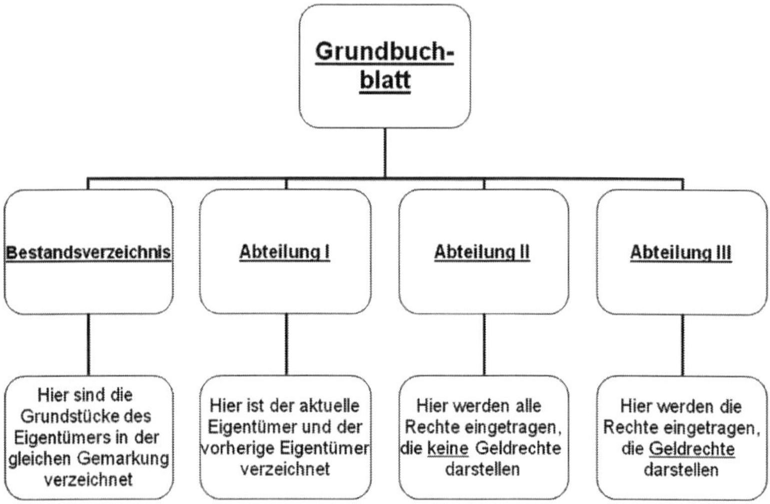

Bestandsverzeichnis

Im Bestandsverzeichnis wird jedes einzelne Grundstück unter einer separaten laufenden Nummer aufgeführt, sind in einem Grundbuch mehrere Grundstücke verzeichnet, so ist der eingetragene Eigentümer auch Eigentümer von den weiteren aufgeführten Grundstücken. Mehrere Grundstücke eines Eigentümers können in einem Grundbuch verzeichnet werden, wenn diese Grundstücke in der gleichen Gemarkung[251] (Ort, Ortsteil) liegen.

251 Flächeneinheit der Vermessungsbehörde (Katasteramt) und der Grundbuchämter, bestehend aus Fluren (vermessene Nutzfläche eines Siedlungs- oder Wirtschaftsverbandes) und Flurstücken (amtliche Bezeichnung für die kleinste Buchungseinheit in einer Liegenschaftskarte der Vermessungsbehörden).

Abteilung I
Hier sind der oder die aktuellen und früheren Eigentümer mit ihren entsprechenden Eigentumsanteilen verzeichnet.

Abteilung II
Hier werden sämtliche Rechte eingetragen, die auf dem jeweiligen Grundstück lasten und in dem Sinne keine „Geldrechte" darstellen. Dieses sind beispielsweise: Wegerechte, Leitungsrechte, Rückauflassungsvormerkungen, Wohnungsrechte, etc. Eine Ausnahme bildet hier die Reallast, diese sichert wiederkehrende Leistungen ab, die der Eigentümer zu erbringen hat.[252]

Abteilung III
In Abteilung III werden die Grundpfandrechte (Grundschulden, Hypotheken, Rentenschulden)[253] eingetragen. Dieses sind die Rechte, die ein Darlehn oder einen Kredit im Grundbuch – maximal bis zur Höhe des Grundstückswertes – absichern, diese werden auch als „Geldrechte" bezeichnet.

3. 2 Lesen des Bestandsverzeichnisses

3. 2. 1 Lesen der Vorderseite des Bestandsverzeichnisses

Wie ist ein Grundstück im Bestandsverzeichnis verzeichnet? (siehe Seite 167)
Beim Amtsgericht Musterbüren, ist im Grundbuch von Musterhausen, mit der Blattnummer 495 folgendes Grundstück (Grundbuchblatt) verzeichnet:

252 Reallast § 1105 BGB

253 Die jeweilige Bank bekommt ein Pfand / eine Sicherheit an dem Grundstück durch den Eigentümer eingeräumt.

Unter der laufenden Nummer 1 ist das Grundstück in der Gemarkung (Ort oder Ortsteil) Musterhausen unter Flur 10[254] Flurstück 22[255] verzeichnet. Dem Grundstück wurde die Wirtschaftsart „Gebäude- und Freifläche" zugeordnet. Dieses Grundstück liegt am Schlossplatz (Lage). Es hat eine Größe von 536 Quadratmetern. Die Größe eines Grundstücks wird im Grundbuch in folgender Maßeinheit angegeben Hektar (10.000 m^2), Ar (100 m^2), Quadratmeter.
Mit diesen Angaben ist jedes Grundstück genau beschrieben und aufgrund der digitalen Anbindung der Amtsgerichte an die Katasterämter[256], korrespondieren die Angaben des Grundbuchblattes mit denen des Katasteramtes.

3. 2. 2 Lesen der Rückseite des Bestandsverzeichnisses

Auf der Rückseite des Bestandsverzeichnisses (Seite 167) ist unter der Rubrik „Bestand und Zuschreibungen" eine Gegenbuchung vermerkt, anhand derer nachvollzogen werden kann, aus welchem Grundbuchblatt das Grundstück mit der laufenden Nummer 1 in das Grundbuchblatt 495 übertragen wurde (z.B. wenn ein Grundstück geteilt wurde und für das neue Grundstück ein neues Grundbuchblatt angelegt wurde).
In vielen Fällen werden die Grundstücke von der jeweiligen Stadt oder Gemeinde erworben, so dass das entsprechende vorherige Grundbuchblatt der jeweiligen Stadt oder Gemeinde (Musterhausen Blatt 234) hier vermerkt wird. In dem Grundbuchblatt von

254 Flur = vermessene Nutzfläche eines Siedlungs- oder Wirtschaftsverbandes

255 Flurstück = kleinste Buchungseinheit in einer Liegenschaftskarte der Vermessungsbehörden

256 **Vermessungs- und Katasteramt** oder **Amt für Bodenmanagement** sind zuständig für die Vermessung von Grundstücken sowie für die Führung der Liegenschaftskarten, die unterteilt sind in Gemarkungen, Flure und Flurstücke. Alle Liegenschaftskarten einer Behörde bilden das Liegenschaftsverzeichnis / -kataster. Dieses ist das amtliche Verzeichnis der Grundstücke.

Musterhausen 234 wird in der Rubrik „Abschreibungen“ vermerkt: *„übertragen nach Musterhausen Blatt 495“.* Aufgrund dieser Gegenbuchungen ist aus beiden Grundbuchblättern feststellbar, aus welchem Grundbuchblatt das vorliegende Grundstück ausgebucht und welchem Grundbuchblatt es zu gebucht wurde.

Wichtig für das Lesen eines Grundbuchblattes ist es, dass die

„Vorder- und Rückseite als eine Einheit gelesen werden!“

Bestandsverzeichnis

Amtsgericht Musterland **Grundbuch von** Musterhausen **Blatt** 0495 **Bestandsverzeichnis** 1

		Bezeichnung der Grundstücke und der mit dem Eigentum verbundenen Rechte					Größe		
Laufende Nummer der Grundstücke	Bisherige laufende Nummer der Grundstücke	Gemarkung (Vermessungsbezirk)	Karte		Liegenschaftsbuch	Wirtschaftsart und Lage	ha	a	m²
			Flur	Flurstück					
		a	b		c/d	e			
1	2	3					4		
1		**Musterhausen**	**10**	**22**		**Gebäude- und Freifläche, Schlossplatz**		**5**	**36**

Bestandsverzeichnis „Rückseite“

Bestand und Zuschreibungen		Abschreibungen	
Zur lfd. Nr. der Grundstücke		Zur lfd. Nr. der Grundstücke	
5	6	7	8
1	Von Musterhausen Blatt 0234 hierher übertragen am 15. Mai 1976. Rechtspfleger Beamter der Geschäftsstelle		

Lesen der Abteilung I
Wie wird der Eigentümer in der Abteilung I verzeichnet?

In Abteilung I ist unter der laufenden Nummer 2 als Eigentümerin Inge Mustermann eingetragen. Sie hat das Grundstück von den Eheleuten Karl und Maria Mustermann übertragen bekommen. In der Spalte 4 „Grund der Eintragung" ist der Vermerk „*…Aufgrund Auflassung*[257] *vom 20.08.2023…* " eingetragen worden. Auflassung ist der juristische Begriff der Eigentumsübertragung von Grundstücken. Diese Eigentumsübertragung wurde in der notariellen Urkunde vom 20.08.2023 des Notars M. vorgenommen. Eigentümerin wird Inge Mustermann jedoch erst mit der Eintragung der Eigentumsveränderung am 30.08.2023. Das Gesetz schreibt für die wirksame Veränderung von Rechten im Grundbuch die „Einigung" und die „Eintragung" vor[258]. Die Eintragung erfolgte am 30.08.2023, somit ist Inge ab diesem Datum Eigentümerin des Grundstücks und nicht, wie häufig von den Vertragsbeteiligten angenommen wird, mit dem Abschluss (Unterzeichnung) des notariellen Vertrags.
Die Namen der Eheleute Karl und Maria Mustermann sind unterstrichen. In den Original – Grundbüchern werden die Streichungen mit der Farbe Rot vorgenommen. Mit diesen Unterstreichungen wird angezeigt, dass diese Eintragungen nicht mehr wirksam sind. Generell gilt für das Grundbuchrecht:

257 § 925 BGB Auflassung

258 Vergleich §§ 873, 925 BGB: durch die Einigung (Auflassung) und die Eintragung im Grundbuch wird die Rechtsänderung vollzogen.

„Rechte die im Grundbuch gerötet[259] sind, gelten als gelöscht“

Abteilung

Forstsetzung auf Einlegeblatt

Einlegeblatt 1

Amtsgericht Musterbüren **Grundbuch von** Musterhausen **Blatt** 0495 **Erste Abteilung**

Laufende Nummer der Eintragungen	Eigentümer	Laufende Nummer der Grundstücke im Bestandsverzeichnis	Grundlage der Eintragung
1	2	3	4
1	a.) Karl Mustermann geboren am 09.10.1954 b.) Maria Mustermann, geborene Muster geboren am 08.09.1956 zu je 1 / 2 Anteil	1	Aufgelassen am 02. Mai 1996 , eingetragen am 15. Mai 1996. Rechtspfleger Beamter
2	Inge Mustermann, geboren am 19.05.1986		Aufgrund Auflassung vom 20.08.2023, eingetragen am 30.08.2023. Rechtspfleger

Lesen der Abteilung II

In Abteilung II sind die Rechte der Eheleute Mustermann verzeichnet.

259 Gerötet = rot unterstrichen

3. 2. 3 Lesen der Vorderseite der Abteilung II

In Abteilung II sind in der Spalte 1 unter der laufenden Nummer 1 ein Wohnungsrecht[260] und unter der laufenden Nummer 2 eine Rückauflassungsvormerkung[261] für die Eheleute Mustermann auf dem Grundstück laufende Nummer 1 des Bestandsverzeichnisses (Spalte 2) eingetragen worden.

3.2.3.1 Das Wohnungsrecht

Das Wohnungsrecht ist im Gemeinschaftsverhältnis gem. § 428 BGB[262] verzeichnet. Dies bedeutet für die Eheleute Mustermann, dass der jeweilige Eigentümer (Tochter) nur einem Elternteil die Wohnung zur Verfügung stellen muss und beide Elternteile sich im Innenverhältnis über die Nutzung der Wohnung einigen müssen. Verstirbt ein Ehegatte, so steht dem anderen Ehegatten die Nutzung der Wohnung allein zu.

3.2.3.1.1 Der Löschungserleichterungsvermerk

Mit dem Vermerk: „Löschbar bei Todesnachweis“ ist die Regelung des § 23 GBO „Löschungserleichterungsvermerk“[263] mit in das Grundbuch aufgenommen worden. Mit dieser Formulierung wird angezeigt, dass das Recht bei Vorlage einer Sterbeurkunde für den jeweiligen Elternteil gelöscht werden kann, es bedarf somit keiner Löschungsbewilligung der Erben!

260 Vergleich, Ausführungen zum Wohnungsrecht ab Seite 70

261 Vergleich, gesamtes Kapitel III ab Seite 103

262 Vergleich, Ausführungen zum Gemeinschaftsverhältnis § 428 BGB ab Seite 76

263 Vergleich, Ausführungen zum Löschungserleichterungsvermerk ab Seite 84

Abteilung II

Einlegeblatt Abt.

Amtsgericht Musterbüren **Grundbuch von** Musterhausen **Blatt** 0495 **zweite Abteilung II** 1

Laufende Nummer der Eintragungen	Laufende Nummer der betroffenen Grundstücke im Bestandsverzeichnis	Lasten und Beschränkungen
1	2	3
1	1	Auflösend bedingtes Wohnungsrecht für a.) Karl Mustermann, geboren am 09.10.1954 b.) Maria Mustermann, geborene Muster, geboren am 08.09.1956 Als Gesamtberechtigte gem. § 428 BGB, löschbar bei Todesnachweis Es besteht ein Vorrangsvorbehalt für noch einzutragende Grundpfandrechte bis zu 250.000,- Euro nebst bis zu 15% Zinsen jährlich ab Beurkundung des Grundpfandrechts und einer Nebenleistung von bis zu 10 % einmalig. Bezug: Bewilligung vom 20.08.2023 (UR.Nr. 336/23 des Notars Müller, Musterhausen), eingetragen am 30.08.2023 Rechtspfleger Vereinbarter Rangvorbehalt
2	1	Rückauflassungsvormerkung (oder Vormerkung zur Sicherung der Rückübertragungsansprüche) für a.) Karl Mustermann, geboren am 09.10.1954 b.) Maria Mustermann, geborene Muster, geboren am 08.09.1956 Als Gesamtberechtigte gem. § 428 BGB Es besteht ein Vorrangsvorbehalt für noch einzutragende Grundpfandrechte bis zu 250.000,- Euro nebst bis zu 15% Zinsen jährlich ab Beurkundung des Grundpfandrechts und einer Nebenleistung von bis zu 10 % einmalig. Bezug: Bewilligung vom 20.08.2023 (UR.Nr. 336/23 des Notars Müller, Musterhausen), Eingetragen am 30.08.2023 Rechtspfleger

3.2.3.1.2 Bezugnahme auf die Eintragungsbewilligung (notarielle Urkunde)

Aus dem eingetragenen Recht für die Eltern Mustermann ist nicht zu erkennen, wo die Wohnung belegen ist und welche Größe sie hat. Würden diese Regelungen mit in das Grundbuch aufgenommen, dann würde das Grundbuch unübersichtlich. Diese Unübersichtlichkeit hat der Gesetzgeber durch die Aufnahme der Vorschrift „*Bezugnahme auf die Eintragungsbewilligung*“ unter dem § 874 BGB verhindert. Diese Regelung besagt, dass das Recht im Grundbuch eingetragen werden muss, hinsichtlich des Inhalts des Rechts kann auf die notarielle Urkunde Bezug genommen werden. Diese Bezugnahme findet sich auch bei dem Wohnungsrecht wieder:

> „Bezug: Bewilligung vom 20.08.2023 (URNr.336/23 des Notars M., Musterhausen)“

Mit der Bezugnahme auf die notarielle Urkunde, die sich in der Grundbuchakte befindet, werden die Vereinbarungen, bezüglich des jeweiligen Rechts – hier des Wohnungsrechts – Inhalt des Grundbuchblatts.

3.2.3.1.3 Informationen aus dem Grundbuchblatt

Das Grundbuchblatt bietet die folgenden Informationen über das Wohnungsrecht an:

- ein Wohnungsrecht
- als bedingtes Recht
- für die Eheleute Mustermann
- am Grundstück 1
- im Gemeinschaftsverhältnis gem. § 428 BGB
- löschbar bei Todesnachweis
- Datum der Bezugsurkunde
- Eintragungsdatum
- Rangvorbehalt

3.2.3.1.4 Informationen aus der Eintragungsbewilligung (notarielle Urkunde)

Dem Grundbuchblatt können folgende Vereinbarungen über das Wohnungsrecht nicht entnommen werden:

- wo befindet sich die Wohnung
- welche Räume gehören zu dem Wohnungsrecht
- welche besonderen Regelungen hinsichtlich der Nebenkosten wurden getroffen
- welche Regelung verbirgt sich hinter der Formulierung „auflösend bedingtes …“
- etc.

Die genauen Regelungen und die Ausgestaltung des Wohnungsrechts, mit allen Angaben, befinden sich in der notariellen Urkunde 336/23 des Notars M. aus Musterhausen die in der Grundbuchakte abgeheftet worden ist. Sie kann bei Bedarf im Amtsgericht eingesehen werden[264]. Das Grundbuchblatt mit der dazugehörigen notariellen Urkunde bietet – als Einheit gelesen – den größtmöglichen Informationsgehalt für die rechtliche Bewertung des Wohnungsrechts.

3.2.3.1.5 Auflösend bedingtes Wohnungsrecht

Die Formulierung *„Auflösendes bedingtes Wohnungsrecht“*[265] muss sich für ihre Wirksamkeit direkt aus dem Grundbuch ergeben, da die Bedingung nicht direkter Inhalt des Wohnungsrechtes ist, sondern eine zusätzliche Vereinbarung zwischen Tochter und Eltern[266] darstellt.
Was sagt die Formulierung

„Auflösend bedingtes Wohnungsrecht“

aus?

Mit dieser Formulierung wird im Grundbuchblatt angezeigt, dass das Wohnungsrecht unter einer auflösenden Bedingung vereinbart wurde. Für unser Wohnungsrecht wurde vereinbart, dass *„das Wohnungsrecht erlischt, wenn die Eltern dieses Recht über ein Jahr nicht ausüben“*[267].

264 Die Einsicht in die notariellen Urkunden wird ausschließlich nur in den Räumen des Amtsgerichts gewährt.

265 Es handelt sich um eine Bedingung, die sich direkt aus dem Grundbuch ergeben muss

266 Schöner / Stöber, Handbuch der Rechtspraxis Grundbuchrecht, 16. Auflage, RdNr. 1280

267 Vergleich, Ausführungen zur „auflösenden Bedingung“ ab Seite 80 ff.

Auch diese zwischen den Mustermanns vereinbarte Regelung ist nur der notariellen Urkunde zu entnehmen.

3.2.3.1.6 Der Rangvorbehalt

Dem Wohnungsrecht wurde ein Rangvorbehalt[268] hinzugefügt. Dieser Vorbehalt muss sich ebenfalls direkt aus dem Grundbuch ergeben, da es sich um eine zusätzliche Vereinbarung handelt, die mit dem eigentlichen Inhalt des Wohnungsrechts nicht in Verbindung steht.
Mit diesem Rangvorbehalt wird die Aussage getroffen, dass dem Wohnungsrecht Grundpfandrechte (Grundschulden, Hypotheken) bis zu einer Summe von 250.000,- Euro vorgehen dürfen[269]. Die Eltern Mustermann haben vor der Erstellung der notariellen Urkunde errechnet, dass sie im Falle eines Falles die monatlichen Raten für die obige Summe aus ihrem Vermögen zahlen können[270]. Die Tochter benötigt – aufgrund des eingetragenen Vorbehalts – für die Eintragungen von Grundpfandrechten bis zur Höhe von 250.000,- Euro, die dem Wohnungsrecht vorgehen sollen, nicht mehr die Genehmigung der Eltern Mustermann. Diese Genehmigung müssten die Eltern in einer notariellen Urkunde erklären. Durch den eingetragenen Rangvorbehalt spart die Tochter weitere Notar- und Gerichtskosten[271].

---

268 § 881 BGB Rangvorbehalt

269 Vergleich, Ausführungen „Geld sparen" auf Seite 132

270 Vergleich, Ausführungen zum Rangvorbehalt ab Seite 132 ff.

271 Vergleich, Ausführungen zur Kostenersparnis ab Seite 134

3.2.3.1.7 Fazit

Den Ausführungen zum Wohnungsrecht ist zu entnehmen, dass das Grundbuchblatt und die notarielle Urkunde eine Einheit bilden und eine umfassende Information nur möglich ist, wenn beide Teile gemeinsam gelesen werden!

3.2.3.2 Die Rückauflassungsvormerkung oder Vormerkung zur Sicherung der Rückübertragungsansprüche

Des Weiteren ist in Abteilung II unter der laufenden Nummer 2 (Spalte 1) eine **Rückauflassungsvormerkung** für die Eheleute Mustermann eingetragen. Dem Grundbuchblatt sind lediglich die Informationen zur Rückauflassungsvormerkung zu entnehmen, wie sie auf der Seite 165 beschrieben sind. Welche schuldrechtlichen Ansprüche sich hinter der RückAV verbergen, kann der Leser nur in Erfahrung bringen, wenn er in der notariellen Urkunde die Vereinbarungen zur RückAV[272] liest.
Weiterhin kann der eingetragenen RückAV entnommen werden, dass auch hier ein Vorrangvorbehalt mit den gleichen Inhalten vereinbart worden ist (siehe Wohnungsrecht). Ob nun dieser Vorrangvorbehalt bereits ausgenutzt wurde oder nicht, ist auf der Vorderseite der Abteilung II nicht zu erkennen. Hierzu muss die Rückseite der Abteilung II eingesehen werden.

272 Vergleich, Ausführungen zu Kapitel III ab Seite 110

3. 2. 4 Lesen der Rückseite der Abteilung II

3.2.4.1 Allgemeines

Auf der Rückseite der Abteilung II werden die Veränderungen und / oder die Löschungen der Rechte beschrieben.
In der Spalte 4 werden die laufenden Nummern der Rechte eingetragen, die von der Veränderung – hier der Rangrücktritt des Wohnungsrechts lfd. Nr. 1 und der Rangrücktritt der Rückauflassungsvormerkung lfd. Nr. 2 – betroffen ist.

3.2.4.2 Vermerk des Ranges[273]

Der Spalte 5 ist zu entnehmen, dass ein Grundpfandrecht (Grundschuld oder Hypothek) dem Wohnungsrecht und der RückAV im Range vorgeht. Hier wird das Grundpfandrecht aus der Abteilung III Nr. 1 benannt. Welches Recht hinter der Bezeichnung Abteilung III Nr. 1 steht, kann nur der Abteilung III entnommen werden (siehe unten).

3.2.4.3 Ausnutzung des Rangvorbehalts

Mit der Formulierung

> „… unter teilweiser Ausnutzung des Rangvorbehalts…"

wird angezeigt, dass der Rangvorbehalt noch nicht komplett ausgenutzt wurde. Zu welchem Teil der Rangvorbehalt noch zur Verfügung steht, kann der Abteilung II nicht entnommen werden. Um an

273 Vergleich Seite 177

diese Information zu gelangen, muss die Abteilung III des Grundbuchblattes eingesehen werden.

Abteilung II „Rückseite“

Veränderungen		Löschungen	
Laufende Nummer der Spalte 1		Laufende Nummer der Spalte 1	
4	5	6	7
1, 2	Das Recht Abteilung 3 Nr. 1 hat Vorrang unter Ausnutzung des Rangvorbehaltes Eingetragen am 30.08.2023		

3. 3 Lesen der Abteilung III

3. 3. 1 Allgemeines

In dieser Abteilung sind die Grundpfandrechte verzeichnet, die auf dem jeweiligen Grundstück lasten.

Abteilung III

Einlegeblatt

Amtsgericht Musterbüren **Grundbuch von** Musterhausen **Blatt** 0495 **Dritte Abteilung III** 1

Laufende Nummer der Eintragungen	Laufende Nummer der belasteten Grundstücke im Bestandsverzeichnis	Betrag	Hypotheken, Grundschulden, Rentenschulden
1	2	3	4
1	1	200.000,-- €	Zweihunderttausend Euro Grundschuld mit 10 % Jahreszinsen und einer Nebenleistung von 5% einmalig für die Kreissparkasse Steinfurt, Ibbenbüren, unter Ausnutzung des Rangvorbehalts vor Abt. II Nr. 1 und 2. Bezug: Bewilligung vom 20.08.2023(UR.Nr. 337/23, Notar Müller, Musterhausen), eingetragen am 30.08.2023 Rechtspfleger Hinweis auf den Vorrangsvorbehalt

In dem Grundbuchblatt 495 ist in Abteilung III unter der laufenden Nummer 1 (Spalte 1) auf dem Grundstück Nummer 1 (Spalte 2) eine Grundschuld in Höhe von 200.000,- Euro (Spalte 3) mit der genauen Bezeichnung der Grundschuld (Spalte 4) eingetragen worden.

3. 3. 2 Bezugnahme auf die Eintragungsbewilligung (notarielle Urkunde)

Auch in der Abteilung III ist Bezugnahme auf die notarielle Urkunde gestattet. Hier handelt es sich um die Urkunde mit der Nummer 337/23 des Notars M. aus Musterhausen (diese Urkunde befindet sich ebenfalls in der Grundakte 495 des Grundbuchamtes Musterbüren).

3. 3. 3 Informationen aus dem Grundbuchblatt

Dem Grundbuchblatt 495, Abteilung III Nr. 1 können nur die wichtigsten Informationen zur Grundschuld entnommen werden, dieses sind:

- Grundschuldbetrag
- Zinsen
- Nebenleistungen
- Gläubiger

3. 3. 4 Informationen aus der Eintragungsbewilligung (notarielle Urkunde)

Alle weiteren Informationen, Kündigungsbestimmungen, Fälligkeiten, etc., enthält die notarielle Urkunde, die zur Gesamtbewertung des Sachverhalts herangezogen werden muss.

3. 3. 5 Der Vorrang der Grundschuld

Eine weitere Information, die dem Grundbuchblatt in Abteilung III bei dem Recht Nr. 1 zu entnehmen ist, ist die Einräumung des Vorrangs dieser Grundschuld vor den Rechten in Abteilung II, die unter den laufenden Nummern 1 und 2 verzeichnet sind (Spalte 4 und Seite 178). Dies sind das Wohnungsrecht und die RückAV für die Eheleute Mustermann.

3. 3. 6 Rangverhältnis zwischen der Abteilung II und III

Zwischen den Abteilungen II und III werden die Rangverhältnisse durch so genannte Gegenbuchungen festgeschrieben. Durch den in Abteilung III und Abteilung II vermerkten Vorrang bekommt die Grundschuld bei einer etwaigen Zwangsversteigerung folgenden Rang:

Position I:	Grundschuld 200.000,- Euro
Position II:	Wohnungsrecht Eheleute Mustermann
Position III:	RückAV Eheleute Mustermann

3. 3. 7 Informationen aus Abteilung III

Der Abteilung III kann darüber hinaus folgendes entnommen werden:

- Der vereinbarte Rangvorbehalt in Höhe von 250.000,- Euro an dem Wohnungsrecht und an der RückAV (Vergleich Seite 122) ist durch die Tochter noch nicht voll ausgenutzt worden.
- Die eingetragene Grundschuld in Höhe von 200.000,- Euro hat den Vorrang erhalten.
- Die Tochter könnte noch eine weitere Grundschuld in Höhe von 50.000,- Euro eintragen lassen, ohne dass die Eltern Mustermann dieser Belastung des Hausgrundstücks zustimmen müssten.

4. Gesamtfazit zum Lesen eines Grundbuchblatts

Den Ausführungen zum Lesen eines Grundbuchblatts ist zu entnehmen, dass die Grundbuchakte und das Grundbuchblatt eine Einheit bilden. Nur wenn beide Informationsmittel zusammen gelesen werden, erhält der Einsichtnehmer die gesamten Informationen über das jeweilige Grundstück / Hausgrundstück.

KAPITEL V

Möglichkeiten des Sozialamtes (Sozialhilfeträgers)

In den Kapiteln I – IV wurde bereits mehrmals auf das Sozialrecht hingewiesen. In diesem Kapitel soll das Sozialgesetz speziell für den Fall

„Übertragung des Hauses auf ein Kind“

betrachtet werden.
Zum Verständnis des Sozialsystems in der Bundesrepublik Deutschland bedarf es einiger grundsätzlicher Erläuterungen.

5. 1 Allgemeines

Das Sozialsystem ist in drei Stufen unterteilt, die da lauten:

- Eigenverantwortlichkeit der Bürger
- Unterhaltspflicht der Familienangehörigen
- Unterhaltspflicht des Sozialstaates

5. 1. 1 Eigenverantwortlichkeit der Bürger

Jeder Bürger ist verpflichtet für seinen Lebensunterhalt selbst aufzukommen.[274]

274 § 2 Abs. 1 SGB XII, hier in Verbindung mit (i.V.m.) § 90 SGB XII

5. 1. 2 Unterhaltsverpflichtung der nahen Familienangehörigen

Im BGB gibt es Unterhaltsregelungen, die den Unterhalt unter den Ehegatten[275], zwischen Eltern und Kindern und zwischen Kindern und Eltern regeln[276]. Darüber hinaus bestimmt das BGB, dass sich Familienangehörige untereinander Unterhalt schulden, wenn sie in gerader Linie miteinander verwandt sind[277]. Das heißt, die Eltern sind den Kindern und die Kinder sind den Eltern zur Zahlung von Unterhalt verpflichtet.

Kann der Lebensunterhalt für eine oder mehrere Personen oder für den oder die Ehegatten nicht durch das eigene Einkommen / Vermögen gesichert werden, so ist als nächstes die Unterhaltspflicht der nahen Familienangehörigen zu prüfen.

Die Eltern Mustermann bekommen eine sehr geringe Altersrente, die unterhalb des in Deutschland festgelegten Existenzminimums liegt[278]. Die Eltern stellen einen Antrag beim zuständigen Sozialamt auf „Hilfe zum Lebensunterhalt"[279].

5. 1. 3 Eintritt des Sozialhilfeträgers, weitere Prüfungspflichten

Das Sozialamt prüft den Antrag der Mustermanns und entscheidet darüber, ob und in welcher Höhe ergänzende Sozialhilfe gewährt wird[280].

Hat das Sozialamt festgestellt, dass die Eltern Mustermann

275 § 1360 BGB, i.V.m. 2 Abs. 1 SGB XII, Verpflichtung zum Familienunterhalt

276 § 1601 BGB Unterhaltsverpflichtete

277 § 1601 BGB Unterhaltsverpflichtete

278 §§ 27, 27b, 28 ff Sozialgesetzbuch XII (SGB XII), siehe auch die Anlage zu § 28 SGB XII. Leitlinien des Oberlandesgerichts Hamm zum Unterhaltsrecht Nr. 15.1

279 §§ 67, 68 SGB XII (Eine Art der unterstützenden Sozialhilfe)

280 § 92 SGB XII Beschränkung des Einkommenseinsatzes auf die häusliche Ersparnis

sozialhilfeberechtigt sind, erhalten diese einen entsprechenden Bescheid übersandt. Sollte ein Elternteil in einem Pflegeheim untergebracht sein, erteilt das Sozialamt der Pflegeeinrichtung eine Kostenzusage zur Finanzierung des Pflegeheimplatzes.
Im Anschluss an die erteilte Kostenzusage, prüft das Sozialamt, ob die leiblichen Kinder (Tochter und/oder Sohn Mustermann) den Differenzbetrag[281] zwischen Altersrente und Existenzminimum aus ihrem laufenden Einkommen und Vermögen[282] zahlen können. Hierbei ist dem Sozialamt eine Prüfungsreihenfolge vorgegeben.

- Prüfung von vertraglichen Ansprüchen der Eltern Mustermann gegenüber Dritten[283] (ggf. Kinder)
- Rückforderung von Schenkungen der Eltern
- Unterhaltspflicht der Kinder gegenüber den Eltern

5.1.3.1 Prüfung von vertraglichen Ansprüchen der Eltern gegenüber Dritten (Kinder)

Zur Prüfung der vertraglichen Ansprüche der Eltern Mustermann benötigt das Sozialamt die entsprechenden Vertragsunterlagen. Diese sind von den Eltern und/oder von den Kindern an das Sozialamt herauszugeben[284].
Die Eltern Mustermann haben mit ihren Kindern zwei Verträge geschlossen, die seitens des Sozialamtes geprüft werden:

- Erb- und Pflichtteilsverzichtsvertrag der Eltern mit dem Sohn (vgl. Seite 23).

281 Differenzbetrag = Existenzminimum minus Altersrente gleich Differenzbetrag

282 Vermögen, ist das gesamte verwertbare Vermögen (Sparbücher, Lebensversicherungen, Mietwohnungen, Sparverträge, etc.)

283 Als „Dritter“ wird ein nicht bekannter Vertragspartner bezeichnet

284 § 117 SGB XII Pflicht zur Auskunft „...Dabei haben sie die Verpflichtung, auf Verlangen des Trägers der Sozialhilfe Beweisurkunden vorzulegen...“

- Vertragliche Einigung der Eltern mit der Tochter auf Eintragung eines Wohnungsrechts am übertragenen Hausgrundstück für die Eltern.

5.1.3.1.1 Erb- und Pflichtteilsverzichtsvertrag der Eltern mit dem Sohn

Der Sozialhilfeträger prüft, ob er aus dem Vertrag Zahlungsansprüche gegen den Sohn geltend machen kann, denn der Sohn hat von seinen Eltern einen Abfindungsbetrag erhalten und im Gegenzug auf sein Erb- und Pflichtteilsrecht verzichtet.
Das Sozialamt kann nach der nunmehr gefestigten Rechtssprechung des BGH (Urteil des BGH vom 19.01.2011, Az.: IV ZR 7/10)[285], aus einem Erb- und Pflichtteilsverzichtsvertrag keine Zahlungsansprüche gegen den Sohn geltend machen, da diese vertragliche Regelung Ausfluss der Privatautonomie der Familie Mustermann und hier insbesondere der freien Nachlassgestaltung ist, die über den Artikel 6 Absatz 1 des Grundgesetzes geschützt ist, in die der Sozialhilfeträger nicht eingreifen darf. Darüber hinaus handelt es sich um einen Vertrag zwischen den Eltern und dem Sohn. Die Eltern zahlen dem Sohn einen Geldbetrag und der Sohn verzichtet im Gegenzug auf zwei, ihm von Gesetzes wegen zustehende, Rechte. Es liegt keine Schenkung seitens der Eltern vor. Beide Seiten erbringen eine vertraglich vereinbarte / geschuldete Leistung (Eltern: Zahlung des Abfindungsbetrages; Sohn: Verzicht auf zwei gesetzlich normierte Rechte).

Fazit

Der Sohn bleibt im Besitz des Abfindungsbetrages und sein Verzicht auf das Erb- und Pflichtteilsrecht besteht weiterhin[286].

---

285 Siehe auch Armbruster in: jurisPK-SGB XII, RdNr. 51.1 - 51.6 zu § 93 SGB XII, Grüneberg, 82 Auflage, RdNr. 17 zu § 2346 BGB;

286 BGH – Urteil vom 19.01.2011 Az.: IV ZR 7/10 „Pflichtteilsverzicht eines behinderten Sozialleistungsbeziehers ist grundsätzlich nicht sittenwidrig..."

5.1.3.1.2 Vertragliche Einigung der Eltern mit der Tochter auf Eintragung eines Wohnungsrechts am übertragenen Hausgrundstück für die Eltern

Aufgrund des vorliegenden Vertrages wird das Sozialamt prüfen, ob im Grundbuch der Tochter Mustermann, in der Abteilung II, für die Eltern Mustermann Rechte eingetragen sind.
Im vorliegenden Beispiel der Mustermanns ist für die Eltern ein Wohnungsrecht im Anteilsverhältnis gem. § 428 BGB (vgl. Seite 70, 76) eingetragen worden.
Grundsätzlich kann das Sozialamt aus dem Wohnungsrecht heraus Zahlungsansprüche gegenüber der Tochter geltend machen, hierzu bedarf es noch weiterer Prüfungen.

5.1.3.1.2.1 Ein Elternteil muss in einem Pflegeheim versorgt werden

Beispiel:
Beide Elternteile Mustermann nutzen das Wohnungsrecht. Vater Mustermann muss aufgrund seines Gesundheitszustandes in einem Pflegeheim versorgt werden. Die Ehefrau Mustermann hat beim zuständigen Sozialamt einen Antrag auf „Zahlung von unterstützender Sozialhilfe“ gestellt und das Sozialamt hat für die Eltern Mustermann, aufgrund ihrer geringen finanziellen Mittel, ergänzende Sozialhilfe bewilligt.

Weitere Prüfungen des Sozialamtes:
Die Eltern Mustermann nutzen das Wohnungsrecht gemäß dem Gemeinschaftsverhältnis § 428 BGB gemeinsam, mit der für die Eltern positiven Rechtsfolge, dass der eine Ehegatte weiterhin das Wohnungsrecht allein nutzen kann, auch wenn dem anderen Ehegatten die Nutzung der Wohnung nicht mehr möglich ist. Im vorliegenden Beispiel muss der Ehemann Mustermann in ein

Pflegeheim umziehen. Die Ehefrau kann die Wohnung weiterhin alleine nutzen. Einen Zahlungsanspruch (Wertersatz) kann das Sozialamt aus dem Wohnungsrecht heraus nicht geltend machen, da der Ehefrau das „alleinige Wohnen" in der Wohnung mit dem Gemeinschaftsverhältnis gem. § 428 BGB im Grundbuch dinglich abgesichert wurde.

Fazit:
Für das Sozialamt besteht keine Möglichkeit aus einem entsprechend ausgestalteten Wohnungsrecht, im Gemeinschaftsverhältnis gem. § 428 BGB, einen Zahlungsanspruch herzuleiten, wenn noch ein Ehegatte dieses Wohnungsrecht nutzt.

5.1.3.1.2.2 Ein Elternteil ist vorverstorben und der andere Elternteil muss in einem Pflegeheim versorgt werden

Beispiel:
Der Ehemann Mustermann ist vor zwei Jahren verstorben. Der Gesundheitszustand der Ehefrau hat sich verschlechtert, so dass für sie eine Unterbringung in einem Alten- und Pflegeheim notwendig wird. Die Tochter hat beim zuständigen Sozialamt einen Antrag auf „Zahlung von unterstützender Sozialhilfe" gestellt. Das Sozialamt hat ergänzende Sozialhilfe bewilligt und der Pflegeeinrichtung eine Kostenzusage zur Tragung der Heimpflegeplatzkosten erteilt.

Prüfung des Sozialamtes:
Auch in diesem Fall wird das Sozialamt prüfen, ob aus dem Wohnungsrecht Zahlungsansprüche gegenüber der Tochter zu realisieren sind. Mit dem Umzug der Ehefrau Mustermann in ein Pflegeheim wird die mit dem Wohnungsrecht gesicherte Wohnung frei und könnte grundsätzlich durch die Tochter Mustermann als Eigentümerin des Hauses vermietet werden. Die durch die Vermietung

erzielten Mieteinnahmen könnten für die Pflegekosten der Ehefrau Mustermann eingesetzt werden.
Das Sozialamt wird in diesem Fall die Ansprüche aus dem Wohnungsrecht gem. § 93 SGB XII[287], mit einem an die Tochter gerichteten schriftlichen Bescheid, auf sich überleiten. Dieser Verwaltungsakt versetzt das Sozialamt in die Lage, direkt Ansprüche aus dem Wohnungsrecht gegenüber der Tochter Mustermann als Eigentümerin des Hauses geltend zu machen (Überleitung), da das Sozialamt durch die Überleitung Anspruchsberechtigte des Wohnungsrechts geworden ist. Im Weiteren hat das Sozialamt zu prüfen, ob es die Ansprüche auch rechtlich gegen die Tochter durchsetzen kann.
Der Sozialhilfeträger fordert die Tochter zur Zahlung entsprechender monatlicher Beträge auf. Gegen diese Aufforderung kann sich die Tochter mit Einlegung eines Widerspruchs[288] zur Wehr setzen. Dem Sozialamt bleibt dann nur noch der Gang zum zuständigen Zivilgericht, bei dem es die monatlichen Zahlungsansprüche gegen die Tochter einklagen kann.
Mit entsprechenden Klagen mussten und müssen sich die Zivilgerichte seit der Einführung der Pflegeversicherung vermehrt beschäftigen, so dass im Laufe der letzten Jahre die Oberlandesgerichte (OLG) und der Bundesgerichtshof (BGH) zu entsprechenden Fallgestaltungen und Ansprüchen, die von den Sozialämtern gem. § 93 SGB XII übergeleitet wurden, allgemein verbindliche Urteile (Grundsatzurteile) gesprochen haben.
Der 5. Zivilsenat des BGH hat am 19.01.2007 unter dem Aktenzeichen: V ZR 163/06 ein Grundsatzurteil gesprochen, dem zu entnehmen ist, dass Wohnungsrechte höchstpersönliche Rechte sind, die ausschließlich den oder dem jeweiligen Berechtigten (Eltern / Elternteil) höchstpersönlich zustehen[289], so dass die aus dem

287 § 93 SGB XII Übergang von Ansprüchen

288 Rechtsmittel gegen den Zahlungsbescheid

289 Leitsatz des BGH – Urteils vom 19.01.2007 Az.: V ZR 163/06
„...Kann der Berechtigte sein auf Lebenszeit eingeräumtes Wohnungsrecht wegen eines medizinisch notwendigen Aufenthalts in einem Pflegeheim nicht ausüben,

Wohnungsrecht herzuleitenden Ansprüche nicht von den Sozialämtern geltend gemacht werden können. Das bedeutet für das vorliegende Beispiel, dass die Tochter Mustermann aus dem Wohnungsrecht heraus keine Geldleistungen an das Sozialamt entrichten muss. Begründet wird die Höchstpersönlichkeit des Wohnungsrechts mit dem Wesen dieses Rechts *„beschränkt persönlich"*, welches aus §§ 1093, 1090 ff BGB folgt[290].

Die Aufforderung des Sozialamtes an die Tochter, zur Vermietung der Wohnung und dem Einsatz der Mieteinnahmen für die Heimpflegekosten scheitert bereits am § 1093 Absatz 1 Satz 1 BGB

„…ein Gebäude oder einen Teil eines Gebäudes unter Ausschluss des Eigentümers als Wohnung zu benutzen..."

Aus dieser Formulierung ergibt sich, dass der Eigentümer (Tochter) ohne Genehmigung der Eltern (Berechtigte) die Wohnung nicht vermieten kann[291]. Diese Rechtsauffassung wird in der Kommentierung zu § 93 SGB XII untermauert. Zur Begründung wird auf die nunmehr „gefestigte Rechtssprechung" verwiesen, die eine Überleitung von höchstpersönlichen Rechten auf das Sozialamt ausschließt[292].

kommt die Begründung einer Zahlungspflicht des Verpflichteten im Wege der Vertragsanpassung nach den Grundsätzen der Störung der Geschäftsgrundlage nur in Betracht, wenn der Heimaufenthalt auf Dauer erforderlich ist und die Vertragsschließenden nicht mit dem Eintritt dieses Umstands gerechnet haben; fehlen diese Voraussetzungen, kann die ergänzende Vertragsauslegung einen Geldanspruch des Berechtigten begründen ..."
Siehe auch Krauß, Vermögensnachfolge in der Praxis, 6. Auflage RdNr. 1420 ff

290 Mit diesen Rechtsproblematiken hat sich die Richterin am Oberlandesgericht Dr. Bettina Brückner, Oldenburg in ihrem Aufsatz „Wohnungsrecht und subjektives Ausübungshindernis, erschienen in der Neue juristische Wochenschrift (NJW) 16/2008, Seite 1111-1115 detailliert auseinandergesetzt. Siehe hier insbesondere Seite 1112 in der NJW 16/2008

291 Siehe Aufsatz der Richterin am Oberlandesgericht Dr. Bettina Brückner, Oldenburg erschienen in der NJW 16/2008, Seite 1111-1115

292 Münden im LPK – SGB XII RdNr. 18
Siehe auch Krauß, Vermögensnachfolge in der Praxis, 6. Auflage RdNr. 1421

Prüft man nun das, zwischen den Mustermanns vereinbarte, Wohnungsrecht (vgl. Seite 70 ff.) unter Zuhilfenahme der vorliegenden Rechtssprechung, so wird man zu folgenden Ergebnissen kommen:

Wohnungsrecht allgemein:
Die Ansprüche aus dem für die Eltern Mustermann im Grundbuch verdinglichten (eingetragenen) und unentgeltlichen Wohnungsrecht – in der beschriebenen Ausgestaltung – können zwar auf das Sozialamt übergeleitet werden, aber die Durchsetzung dieser Ansprüche (monatliche Geldforderungen) gegen die Tochter können aufgrund der höchstrichterlichen Rechtsprechung nicht durch das Sozialamt realisiert werden.

Auflösende Bedingung
Darüber hinaus wird die von den Mustermanns an dem Wohnungsrecht vereinbarte auflösende Bedingung (vgl. Seite 80 ff.)

> *„…übt der Wohnungsberechtigte das Wohnungsrecht über ein Jahr nicht aus, so erlischt es…“*

die Rechtsposition des Eigentümers (Tochter) stärken, denn nach Ablauf der vereinbarten Frist, sind sämtliche Ansprüche aus dem Wohnungsrecht untergegangen, so dass auch das Sozialamt keine Überleitungsrechte mehr geltend machen kann.
Im Jahr 1997 hat das Bayrische Oberste Landgericht einen entsprechend Fall entschieden. Das Gericht hat festgestellt, dass eine auflösende Bedingung auch darin bestehen kann, dass, wenn der Wohnungsberechtigte (Eltern) das Wohnungsrecht auf Dauer nicht mehr nutzen kann, dieses erlischt[293].

---

293 Bayrisches Oberstes Landgericht vom 07.08.1997 Az.: 22 BR 61/97
Siehe auch Krauß, Vermögensnachfolge in der Praxis, 6. Auflage RdNr. 1409

Vereinbarungen zu den Nebenkosten
Sind hinsichtlich der, von den Eltern für das Wohnungsrecht zu zahlenden, Nebenkosten keine abweichenden Regelungen getroffen worden (vgl. Seite 74 ff.), steht dem Sozialamt kein Überleitungsanspruch / Zahlungsanspruch zu.

Hinweis:
Bei einer abweichenden Vereinbarung, z.B.: „die Tochter verpflichtet sich sämtliche Kosten, die mit dem Wohnungsrecht in Verbindung stehen, zu zahlen“, versuchen einige Sozialämter einen Anspruch auf Teilwertersatz vom Eigentümer (Tochter), hinsichtlich der geringeren Nebenkosten, auf sich überzuleiten[294]. Die Sozialämter begründen diese Überleitung mit dem „geldwerten Vorteil des Eigentümers“.
Wird das Wohnungsrecht nicht mehr durch den längstlebenden Elternteil genutzt, so entstehen für den Eigentümer geringere Nebenkosten, da weniger Strom, Wasser, Gas, etc. verbraucht wird. Den Differenzbetrag zwischen den üblichen Nebenkosten und den nach dem Auszug des längstlebenden Elternteils zuzahlenden Nebenkosten, leiten die Sozialämter auf sich über. Die Ersparnis bei den Nebenkosten sehen die Sozialämter als „geldwerten Vorteil der Tochter“ an, der für die Pflege des oder der Elternteile genutzt werden kann[295].
Ob die Vorgehensweise der Sozialämter mit der neueren Rechtsprechung des BGH im Einklang steht ist zu bezweifeln, insbesondere nach der Entscheidung des BGH vom 19.01.2007[296].

294 Das Sozialamt kann mit einem Bescheid gemäß § 93 SGB XII die Ansprüche der Eltern Mustermann auf sich übertragen. Mit der Folge, dass das Sozialamt diese Ansprüche direkt gegenüber der Tochter geltend machen kann. Der Berechtigte wurde durch den Bescheid ausgewechselt, von den Eltern Mustermann auf das Sozialamt.

295 BGH-Urteil vom 23.01.2003 Az.: V ZB 48/02 „ tatsächlich ersparte Aufwendungen, etwa für Wasser, Strom und Heizung verlangt werden“

296 BGH – Urteil vom 19.01.2007 Az.: V ZR 163/06 „…ein Wohnungsrecht erlischt nicht, wenn der Wohnungsberechtigte Dauerhaft an der Nutzung des Rechts gehindert ist…“

Tipp:
Um dieser eventuellen Inanspruchnahme durch das Sozialamt aus dem Wege zu gehen, sollten die Mustermanns von einer Vereinbarung hinsichtlich der Übernahme der Nebenkosten durch die Tochter Abstand nehmen.

Vermietung der Wohnung
Die Vermietung der mit dem Wohnungsrecht belasteten Wohnung kann weder vom Eigentümer (Tochter) noch von den Wohnungsberechtigten (Eltern) verlangt werden (vgl. Seite 78 ff.), es sei denn, es wurde eine entsprechende notarielle Vereinbarung getroffen. Diese würde sich dann nachteilig auswirken, denn das Sozialamt könnte ein Wohnungsrecht mit Duldung einer Vermietung auf sich überleiten.
Der Bundesgerichtshof lässt es sogar zu, dass der Eigentümer die Räume, die mit einem Wohnungsrecht belastet sind, in eigenem Namen vermietet und die Mieteinnahmen für sich nutzt. Voraussetzung ist, dass der Berechtigte (Eltern) auf Dauer das Wohnungsrecht nicht mehr nutzen kann.[297, 298]

Tipp:
Aufgrund der vorliegenden ständigen Rechtsprechung des BGH kann nur mit Nachdruck dazu geraten werden, von einer Vereinbarung hinsichtlich einer Duldung der Vermietung abzusehen.[299]

297 BGH-Urteil vom 13.07.2002 Az.: V ZR 206/11 „... besteht keine vertragliche Bindung zwischen dem Eigentümer und dem Wohnungsberechtigten, der einer außerhäuslichen Pflege bedarf, so wird der Eigentümer, der die Wohnung eigenmächtig vermietet, durch die Einnahme der Mietzinsen nicht auf Kosten des Wohnungsberechtigten bereichert
BGH – Urteil vom 23.03.2023 Az.: V ZR 113/22

298 Armbruster LPK - SGB XII RdNr. 86 ff. zu § 93 SGB XII

299 BGH – Urteil vom 09.01.2009, Az.: V ZR 168/07

Besonderer Hinweis „Löschung des Wohnungsrechts zu Lebzeiten der Berechtigen (Eltern)"; Überleitung des Anspruch auf das Sozialamt gem. § 93 SGB XII:

Seitens der Eltern Mustermann besteht immer die Möglichkeit das Wohnungsrecht im Grundbuch löschen zu lassen. Die Löschung des Wohnungsrechts erfolgt im Grundbuch, wenn die Eltern Mustermann in einer notariellen Urkunde eine so genannte „Löschungsbewilligung" abgeben.

Haben die Eltern Mustermann eine entsprechende Löschungsbewilligung abgegeben und das Wohnungsrecht wurde im Grundbuch gelöscht, stellt sich die Frage, ob diese Löschung eine Schenkung im Sinne des § 516 BGB ist. Der BGH hat in seinem Urteil vom 20.10.2020[300] entschieden, dass die Löschung eines Wohnungsrechts eine Schenkung ist. Diese Feststellung hat weitreichende Konsequenzen für den jeweiligen Eigentümer (Tochter Mustermann).

Wird nun ein Elternteil in einem Alten- und Pflegeheim untergebracht und das Sozialamt zahlt für die Finanzierung des Pflegeplatzes unterstützende Sozialhilfe, so ist das Sozialamt verpflichtet, den Überleitungsanspruch dieser Schenkung „Löschung des Wohnungsrechtes" gemäß § 93 SGB XII zu prüfen. Liegt die Löschung des Wohnungsrechts noch keine zehn Jahre zurück[301], dann muss das Sozialamt diesen Anspruch gemäß § 93 SGB XII i.V.m. §§ 516, 528, 529 BGB auf sich überleiten. Mit der Folge, dass das Sozialamt das Wohnungsrecht kapitalisieren kann!.

Bei der Kapitalisierung wird – in diesem ganz speziellen Fall – nicht auf den Monatswert des Wohnungsrechts abgestellt, sondern auf den Wert, um den sich der Verkehrswert des Hausgrundstücks, nach der Löschung des Wohnungsrechtes, erhöht hat. Würde die Tochter Mustermann das Hausgrundstück (vorausgesetzt, sie dürfte es) mit der Belastung „Wohnungsrecht für die Eltern" veräußern, dann würde sie auf dem freien Markt einen geringen Verkaufserlös (z.B.

300 BGH – Urteil vom 20.10.2020, Az.: X ZR 7/20

301 Abgestellt wird auf das Löschungsdatum des Wohnungsrechts im Grundbuch, § 529 BGB.

300.000,- Euro) erzielen, denn der neue Eigentümer könnte das Hausgrundstück nur zur Hälfte nutzen. Die andere Hälfte würde von den Eltern Mustermann genutzt.
Durch die Löschung des Wohnungsrechts, aufgrund der Bewilligung der Eltern, ist das Hausgrundstück von der Belastung frei geworden und die Tochter könnte das Hausgrundstück am freien Markt wesentlich teurer veräußern (z.B. 380.000,- Euro). Diesen Differenzbetrag (hier 80.000,- Euro) zwischen Hausgrundstück mit Wohnungsrecht und dem Hausgrundstück ohne Wohnungsrecht, kann das Sozialamt auf sich überleiten.
In der Praxis stellt der Differenzbetrag häufig einen Betrag von mehreren 10.000,- Euro dar (siehe Beispiel).
Die Tochter Mustermann müsste somit den Differenzbetrag in monatlichen Raten (Zuzahlungsbetrag zum Pflegeheimplatz)[302] an das Pflegeheim zahlen, bis der Wert von – hier – 80.000,- Euro (siehe Beispiel), verbraucht ist.

Diese neue Rechtsprechung haben die Notare zum Anlass genommen, die notariellen Urkunden um eine Vereinbarung beim Wohnungsrecht zu ergänzen.

> *„…lässt der Berechtigte (Eltern Mustermann) das Wohnungsrecht zu seinen Lebzeiten löschen, so entfällt jeglicher Wertersatz…“*

Diese Formulierung hat zur Folge, dass das Sozialamt, nach Ablauf von zehn Jahren, das Wohnungsrecht nicht kapitalisieren kann. Hier wird nicht auf das Datum der Löschung des Wohnungsrechts im Grundbuch abgestellt, sondern auf das Datum der <u>Eintragung</u> des Wohnungsrechts im Grundbuch! Juristisch beginnt die Schenkung „Löschung des Wohnungsrechts ohne Wertersatz“ mit dem Zeitpunkt der Eintragung des Wohnungsrechts im Grundbuch.

302 Zuzahlungsbetrag ist der Betrag, der monatlich entsteht, wenn das Einkommen des Heimbewohners nicht ausreicht (Heimkosten abzüglich Renteneinkunft, abzüglich Pflegegeld nach dem jeweiligen Pflegegrad = Zuzahlungsbetrag)

5. 1. 4 Kurzbetrachtung der weiteren Rechte aus dem Kapitel II, hinsichtlich der Überleitungsmöglichkeit gem. § 93 SGB XII auf das Sozialamt

Auch für die weiteren Rechte (Nießbrauchrecht, Wohnrecht, Altenteil), die gegebenenfalls in das Grundbuch eingetragen werden können, werden seitens der Obergerichte mit den gleichen, durch den BGH aufgestellten, Regeln hinsichtlich ihrer Überleitungsfähigkeit geprüft.

5.1.4.1 Nießbrauchrecht

Das Nießbrauchrecht ist seinem Wesen nach kein höchstpersönliches Recht (vgl. Seite 62 ff.). Dem Nießbraucher, der auch als „Fast – Eigentümer" bezeichnet wird, steht lediglich ein Recht nicht zur Verfügung, nämlich das des Eigentums. Mit der Wirkung, dass er das Hausgrundstück nicht mit Rechten (Grundschulden, etc.) belasten oder gar das Hausgrundstück verkaufen[303] kann. Alle weiteren Rechte stehen dem Nießbraucher zur Verfügung. Er könnte zum Beispiel eine Wohnung, in dem mit dem Nießbrauchrecht belasteten Hausgrundstück, vermieten und die Mieteinnahmen für sich nutzen. Diese Eigenschaften des Nießbrauchs macht sich das Sozialamt zu Nutze und leitet das Nießbrauchrecht – im Falle der Gewährung von Sozialhilfeleistungen – auf sich über[304]. Nach der Überleitung kann das Sozialamt alle Ansprüche und Forderungen (Mieteinnahmen, Pacht, Recht auf Vermietung, etc.), die aus dem Nießbrauch hervorgehen, nutzen und den Erlös für die Kosten des Pflegeheimplatzes des Elternteils verwenden.

303 Juristisch „veräußern"

304 Adolph, SGB XII zu § 33 Abs. 1 RdNr. 7. Stand 2023

Besonderer Hinweis

„Verzicht auf das Recht, Ausübung des Nießbrauchrechts durch Dritte“

In einigen notariellen Urkunden, in denen für die Eltern ein Nießbrauchrecht vereinbart wird, findet sich folgender Passus:

> „...die Ausübung des Nießbrauchrechts kann dritten nicht überlassen werden...“

Das Gesetz gibt den Vertragsparteien die Möglichkeit, einen entsprechenden Ausschluss der Nutzung mit in die notarielle Urkunde und entsprechend mit in das Grundbuch einzutragen[305]. Die Vereinbarung wird in die notarielle Urkunde mit aufgenommen und über die Möglichkeit der Bezugnahme[306] bei der Eintragung des Nießbrauchrechts, mit in das Grundbuch aufgenommen[307]. Ziel dieser Vereinbarung ist es, das jegliche Dritte, mithin auch das Sozialamt, das Nießbrauchrecht nicht nutzen können. Damit würde eine Überleitung des Nießbrauchrechts auf das Sozialamt gemäß § 93 SGB XII scheitern. Der BGH musste sich in einem Verfahren mit einem entsprechenden „Ausschluss der Nutzung“ beschäftigen. In dem Urteil stellten die Richter des BGH[308] fest, dass der Ausschluss der Ausübungsregelung grundsätzlich möglich ist.

Ist nun ein entsprechender Ausübungsausschluss vereinbart, wird das Sozialamt vollstreckungsrechtlich tätig. Dem Sozialhilfeträger steht die Möglichkeit offen, das Nießbrauchrecht zu pfänden[309]. Durch die Pfändung im Rahmen eines Pfändungs- und Überweisungsbeschlusses kann das Nießbrauchrecht gepfändet und dem Sozialamt zur Nutzung übertragen werden.

305 Abdingbarkeit des Nießbrauchrechtes

306 § 874 BGB Bezugnehme auf die Eintragungsbewilligung

307 Juristisch „verdinglicht“

308 BGH Urteil vom 21.06.1985, Az.: V ZR 37/84

309 Münchner Kommentar, RdNr. 9 zu § 1059 BGB; BeckOK Sozialrecht, 70. Edition, Stand: 01.06.2023, RdNr. 110, 10a zu § 93 SGB XII

Im Verhältnis zwischen dem Sozialrecht und dem geänderten Nießbrauchrecht (ohne Ausübung durch Dritte) gilt der Ausschluss der Ausübungsregel nicht. Mit der Folge, dass das Sozialamt sich weiterhin ein Nießbrauchrecht zur Ausübung überweisen lassen kann[310].

5.1.4.2 Wohnrecht

Ein im Übertragungsvertrag vereinbartes Wohnrecht gemäß § 1090 BGB (vgl. Seite 68 ff.) ist aufgrund seines höchstpersönlichen Charakters[311], wie ein Wohnungsrecht gemäß § 1093 BGB zu behandeln, (vgl. Seite 187 ff.). Mit der Folge, dass eine Überleitung der Ansprüche aus dem Wohnrecht heraus, auf das Sozialamt nicht möglich sind.

5.1.4.3 Altenteil

Das Altenteil ist eine Bündelung von verschiedenen dinglichen Rechten, die mit einer Eintragung (Altenteilsrecht) im Grundbuch abgesichert werden können (vgl. Seite 91 ff.). Ist mit einem Altenteil, ein Wohnungsrecht und eine Reallast als Hege- und Pflegeleistung im Grundbuch abgesichert worden, so ist seitens des Sozialamtes – im Falle der Gewährung von Sozialhilfeleistungen – zu prüfen, ob und welche der einzelnen Ansprüche gemäß § 93 SGB XII überleitungsfähig sind.

310 Gottwald/Mock. Zwangsvollstreckung. Kommentar zu den ZPO mit Antrags- und Klagemustern für die Rechtspraxis. 7. Auflage, Rz. 63 „...Obwohl der Nießbrauch nach § 1059 Satz 1 BGB unveräußerlich und somit grundsätzlich unpfändbar ist (§ 851 Abs. 1 ZPO), kann die Ausübung des Rechts einem anderen kraft Gesetzes überlassen werden (§ 1059 Satz 2 BGB). Daher kann ein Zugriff im Rahmen einer Forderungspfändung nach Abs. 3, § 829 ZPO erfolgen. Dies gilt auch dann, wenn das Recht, die Ausübung des Nießbrauchs einem anderen zu überlassen, mit dinglicher Wirkung vertraglich ausgeschlossen wurde (BGH, Rpfleger 1974, 186) ...“

311 § 1092 BGB Unübertragbarkeit, Überlassung der Ausüben

Beispiel zur Verdeutlichung
Für Herrn und Frau Mustermann ist im Gemeinschaftsverhältnis gemäß § 428 BGB ein Altenteil im Grundbuch eingetragen worden. Mit dem Altenteil wird ein Wohnungsrecht und eine Hege- und Pflegeleistung (Reallast) abgesichert. Herr Mustermann muss aufgrund seines schlechten Gesundheitszustandes in einem Alten- und Pflegeheim vollstationär versorgt werden. Frau Mustermann stellt beim örtlich zuständigen Sozialamt einen Antrag auf „Zahlung von unterstützender Sozialhilfe“. Das Sozialamt hat Sozialhilfeleistungen bewilligt. Das Sozialamt wird nun die Überleitungsfähigkeit für das Wohnungsrecht nach dessen speziellen Vorschriften und für die Hege- und Pflegeleistungen (Reallast) nach den für die Reallasten geltenden Regelungen prüfen.

Wohnungsrecht im Altenteil
Das Wohnungsrecht ist, wie auf den Seiten 187 ff. dargestellt, generell nicht überleitungsfähig.

Hege- und Pflegeleistung (Reallast) im Altenteil
Mit dieser Art der Reallast hatten sich in den vergangenen Jahren immer wieder die Gerichte zu befassen. Die Sozialämter versuchten und versuchen noch heute, die Ansprüche aus der Reallast auf sich überzuleiten, mit der Folge für den Hauseigentümer (Tochter), dass dieser einen berechneten Wertersatz für den Elternteil zu zahlen hätte, dessen Hege und Pflege nicht mehr in der zugewiesenen Wohnung zu erfüllen ist.
Dieser Problematik hat sich der BGH angenommen und in einem Urteil[312] festgestellt, dass eine Hege- und Pflegereallast „im eigentlichen Sinne“ kein höchstpersönliches Recht ist. Dieser Entscheidung ist auch zu folgen, da die Pflege in einem Alten- und Pflegeheim durch Fachkräfte erfüllt wird und nicht durch die Familienangehörigen.

312 BGH – Urteil vom 19.01.2007 Az.: V ZR 163/06

In einer weiteren Entscheidung[313] zum Altenteilsrecht hat der BGH aber auch entschieden, dass für eine nicht mehr erfüllbare Hege – und Pflegeleistung kein Wertersatz durch den Eigentümer (Tochter) gezahlt werden muss. Der BGH geht davon aus, dass die Vertragsparteien (Eltern und Tochter Mustermann) – in der Regel – in einem Übertragungsvertrag eine Erbfolge vorwegnehmen wollen. Darüber hinaus soll der Übertragungsvertrag den Charakter einer gemischten Schenkung[314] haben.

Die Eltern übertragen (schenken) der Tochter das Hausgrundstück und im Gegenzug ist die Tochter aufgrund ihrer engen persönlichen Bindung zu ihren Eltern bereit, Leistungen für die Eltern zu erbringen, wie zum Beispiel die Unterbringung, die Beköstigung und die Pflege. Dabei ist es für die Tochter entscheidend, dass diese Leistungen einen geringen finanziellen Rahmen einnehmen, denn sie möchte ihren Lebensstandart nicht durch zusätzliche Kosten schmälern. Aus diesem Grund werden in den Übertragungsverträgen zwischen den Vertragspartnern (Eltern und Tochter) auch keine Vereinbarungen bezüglich eines Wertersatzes für ein Altenteil getroffen, so dass das Sozialamt auch keinen Anspruch auf Wertersatz auf sich überleiten kann.

Nach Meinung des BGH führt das Fehlen einer entsprechenden Wertersatzregelung nicht zu einem Verstoß des Vertrages gegen die Guten Sitten[315].

Viele Sozialämter argumentieren, dass ein Verzicht der Eltern auf einen Wertersatz sittenwidrig ist und die Vereinbarung in dem notariellen Übertragungsvertrag daher unwirksam wäre. Der Anspruch

313 BGH-Urteil vom 06.02.2009 Az.: V ZR 130/08 „...in einem Vertrag als Gegenleistung für die Übertragung eines Hausgrundstücks vereinbarte Versorgungsleistungen nur so lange geschuldet sein sollen, wie sie von dem Verpflichteten in dem übernommenen Haus erbracht werden können, führt nicht ohne weiteres zur Sittenwidrigkeit der vereinbarten Regelung ...“

314 Für die Schenkung des Hausgrundstücks wird eine Gegenleistung – hier ein Altenteil – geschuldet. Die Gegenleistung nimmt jedoch nie den vollen Wert des Geschenkes (Hausgrundstücks) an.

315 § 138 BGB „... ein Rechtsgeschäft, das gegen die guten Sitten verstößt, ist nichtig ...“

auf Zahlung des Wertersatzes würde der Allgemeinheit (Sozialamt) bewusst vorenthalten.
In der Entscheidung vom 06.02.2009 Az.: V ZR 130/08 hat der BGH, im Wesentlichen mit Blick auf die Vertragsfreiheit der Parteien (Eltern und Tochter Mustermann), festgestellt, dass eine Sittenwidrigkeit – beim Verzicht auf die Zahlung eines Wertersatzes aus einem Altenteil heraus – grundsätzlich nicht gegeben ist.
Die Auffassung des BGH hat zur Folge, dass der Träger der Sozialhilfe (Sozialamt) für die Kosten der Unterbringung eines Elternteils in einem Pflegeheim aufkommen muss.

Fazit:
Das Sozialamt kann die Ansprüche aus dem vereinbarten und im Grundbuch verdinglichten Altenteil nicht auf sich überleiten. Die Rechtsprechung des BGH, insbesondere in den Urteilen vom 19.01.2007 und vom 06.02.2009 gibt dem Sozialamt keine Möglichkeit einen Wertersatz von der Tochter für das Altenteil zu fordern.

5.1.4.4 Dauerwohnrecht

Das Dauerwohnrecht (vgl. Seite 89) wird in der Praxis kaum genutzt. Das Wesen dieses Rechtes ist es, das Wohnen in einem bestimmten Teil oder am ganzen Hausgrundstück abzusichern. Darüber hinaus ist das Dauerwohnrecht ein veräußerliches und vererbliches Recht[316]. Das Sozialamt kann – nach der Bewilligung von Sozialhilfeleistungen – das Dauerwohnrecht auf sich überleiten, da es mit einem Hausgrundstück und einer Eigentumswohnung vergleichbar ist.

316 § 33 Abs. 1 WEG „... Das Dauerwohnrecht ist veräußerlich und vererblich ...“

Fazit:
Steht das Dauerwohnrecht den Eltern Mustermann gemeinsam zu, so kann die Überleitung des Dauerwohnrechts erst erfolgen, wenn es nur noch vom längstlebenden Elternteil ausgeübt wird und dieser in einem Pflegeheim untergebracht werden muss.

5. 2 Rückforderung von Schenkungen der Eltern Mustermann

Nach der Prüfung der vertraglichen Ansprüche der Eltern Mustermann, die im vorliegenden Fall nicht zu einer Überleitung von Zahlungsansprüchen geführt haben, prüft das Sozialamt die Überleitung von Ansprüchen aus durchgeführten Schenkungen gem. § 93 SGB XII. Diese Überleitung kann nur erfolgen, wenn seitens des Sozialhilfeträgers (Sozialamt) der so genannte „Notbedarf"[317] der Eltern Mustermann geprüft und festgestellt wurde.

5. 2. 1 Feststellung des Notbedarfs

Der Begriff des „Notbedarfs" ist im § 519[318] BGB beschrieben und im § 528 BGB weiter erläutert, dort heißt es

> *„…soweit der Schenker nach der Vollziehung der Schenkung außerstande ist, seinen angemessenen Unterhalt zur bestreiten … kann er von dem Beschenkten die Herausgabe des Geschenkes nach den*

317 §§ 528, 529 BGB Notbedarf: „... Der Schenker sieht sich außerstande den Lebensunterhalt selbst zu bestreiten ..."

318 § 519 BGB Einrede des Notbedarfs „...soweit er bei Berücksichtigung seiner sonstigen Verpflichtungen außerstande ist, das Versprechen zu erfüllen, ohne dass sein angemessener Unterhalt oder die Erfüllung der ihm kraft Gesetzes obliegenden Unterhaltspflichten gefährdet wird..."

Vorschriften über die Herausgabe einer ungerechtfertigten Bereicherung[319] *fordern…"*

Diese Formulierung im Gesetz stellt klar, dass zugunsten der Sozialhilfeberechtigten (Eltern Mustermann) der Notbedarf besteht, wenn sie ihren eigenen Lebensunterhalt nicht mehr aus ihren eigenen finanziellen Mitteln/Vermögen bestreiten können. Mit der Folge, dass sie Geschenke von dem Beschenkten zur Bestreitung ihres eigenen Lebensunterhalts zurückfordern können.
Bei der Prüfung der Eigenmittel der Berechtigten werden sämtliche Vermögensgegenstände, Einkommen und Forderungen durch das Sozialamt begutachtet, hierunter fallen unter anderen auch Rückforderungsansprüche aus Schenkungen der Eltern an Dritte (andere Personen).

5. 2. 2 Schenkung

Nach dem BGB ist jede Schenkung ein Vermögensübergang an einen Dritten, die keine Gegenleistung des Dritten nach sich ziehen muss[320] (Eltern schenken den Kindern einen Geldbetrag).

5. 2. 3 Rückforderung einer Schenkung

Der Schenker ist berechtigt, eine werthaltige Schenkung vom Beschenkten zurückzufordern, wenn der Schenker seinen eigenen Lebensunterhalt nicht mehr bestreiten kann (Notbedarf) und zwischen dem Zeitpunkt der Schenkung und dem Eintritt

319 § 812 BGB Herausgabeanspruch: „... Wer durch die Leistung eines anderen oder in sonstiger Weise auf dessen Kosten etwas ohne rechtlichen Grund erlangt, ist ihm zur Herausgabe verpflichtet ..."

320 § 516 BGB Begriff der Schenkung

des Notbedarfs eine Frist von 10 Jahren noch nicht verstrichen ist[321].

5.2.3.1 Berechnung der 10 – Jahresfrist bei vollzogenen Schenkungen

Beispiel:
Die Eltern Mustermann haben der Tochter am Heiligen Abend im Jahr 2014 eine Schenkung in Höhe von 1.500,- € zukommen lassen. Der Notbedarf der Eltern trat am 15.10.2023 ein, so dass die Eltern Mustermann nach dem Gesetz verpflichtet sind, die Schenkung von der Tochter zurückzufordern[322]. Die 10 – Jahresfrist ist noch nicht verstrichen.

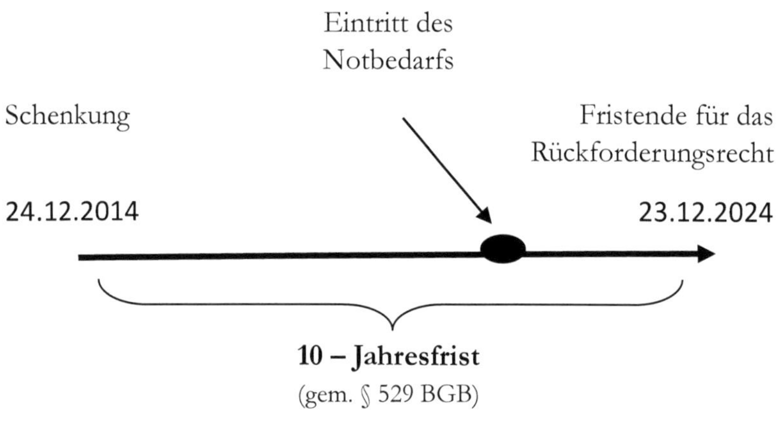

Dem Gesetzgeber ist bekannt, dass die Schenker entsprechende Schenkungen nicht ohne weiteres – bei Eintritt des Notbedarfs – von den Beschenkten zurückfordern würden. Aus diesem Grund und auf Grund des Gesundheitszustands und des Alters der Eltern

321 § 528 BGB Rückforderung wegen Verarmung des Schenkers, § 529 BGB Ausschluss des Rückforderungsanspruchs

322 § 528 BGB Rückforderung wegen Verarmung des Schenkers

hat der Gesetzgeber das Sozialamt mit besonderen Rechten in den Sozialgesetzbüchern eins bis zwölf (SGB I – XII) ausgestattet.

5.2.3.2 Rechte des Sozialamtes

Nach § 93 SGB XII steht dem Sozialamt – beim Vorliegen des Notbedarfs – das Recht zu, Rückforderungsansprüche aus Schenkungen, die dem Sozialhilfeberechtigten (Eltern) zustehen, auf das Sozialamt überzuleiten[323]. Mit dieser Überleitung kann das Sozialamt die Forderungen gegenüber dem Beschenkten direkt geltend machen (zurückfordern)[324]. Durch den Erlass eines entsprechenden Verwaltungsaktes (schriftlicher Bescheid)[325] durch das Sozialamt, wird dem Beschenkten die Überleitung der Ansprüche angezeigt.
Die Überleitung des Anspruches wird mit Kenntnis des Bescheides (Lesen des Schreibens durch den Beschenkten) rechtswirksam[326]. Das Sozialamt kann nun die Forderungen von den/dem Dritten (ggf. Kinder der Mustermanns) einziehen. Sollten die Dritten das Geschenk nicht freiwillig herausgeben, steht dem Sozialamt das Zivilrecht[327] zur Seite. Mit Hilfe eines vor einem Zivilgericht erwirkten Urteils kann das Sozialamt einen Gerichtsvollzieher mit der Einforderung des Geschenkes beauftragen.
Die oben beschriebene Vorgehensweise kann das Sozialamt nur durchführen, wenn die Frist von 10 Jahren – bei Eintritt des Notbedarfs - noch nicht verstrichen ist und der Notbedarf der Eltern Mustermann durch das Sozialamt festgestellt wurde.

323 § 93 SGB XII Übergang von Ansprüchen

324 Durch die Überleitung erhält das Sozialamt ein eigenes Forderungsrecht. Das Sozialamt tritt nicht als Vertreter der Eltern auf, sondern als eigenständiger Gläubiger

325 § 93 Abs. 1 SGB XII „schriftliche Anzeige“

326 § 93 Abs. 2 SGB XII

327 Bürgerliches Gesetzbuch (BGB) in Verbindung mit der Zivile Prozessordnung (ZPO)

5. 2. 4 Übertragung des Hausgrundstücks auf die Tochter

Die Hausübertragung auf die Tochter wird seitens der Juristen als Schenkung angesehen. Wird im Gegenzug für die erfolgte Hausübertragung den Schenkern (Eltern) ein Recht im Grundbuch eingetragen, wird sie als „gemischte Schenkung“ bezeichnet.

5.2.4.1 10 – Jahresfrist ist abgelaufen

Nach Ablauf der Frist von 10 Jahren kann das Sozialamt den Anspruch auf Rückübertragung des Hausgrundstücks nicht mehr überleiten. Die Tochter bleibt Eigentümerin der Immobilie. In diesem Fall würde das Sozialamt prüfen, ob die Tochter aus ihren laufenden Einkünften und/oder aus ihrem sonstigen Vermögen heraus den Eltern Unterhalt gewähren kann.
Hierzu wird auf die weiteren Ausführungen unter Pkt. 5.3. auf den folgenden Seiten verwiesen.

5.2.4.2 10 – Jahresfrist ist noch nicht abgelaufen

Grundsätzlich kann das Sozialamt den Anspruch auf Rückübertragung des Hausgrundstücks unter Beachtung der Regelungen des § 93 SGB XII in Verbindung mit §§ 528, 529 BGB von der Tochter Mustermann überleiten, wenn ein oder beide Elternteile in einem Alten- und Pflegeheim untergebracht wurden. Mit der Wirkung, dass das Sozialamt „Eigentümer“ des Hausgrundstücks wird und dieses verkaufen[328] könnte. Der Verkaufserlös wäre im Anschluss für die Heimunterbringungskosten einzusetzen **(theoretischer Fall).**

328 Juristisch „veräußern“

Unberücksichtigt geblieben sind bei der obigen Schilderung die Situation der Tochter Mustermann und deren Familie.
Die Tochter könnte der Überleitung des Hausgrundstücks innerhalb der gesetzlich festgeschriebenen Widerspruchsfrist[329] widersprechen. Aber dieser Widerspruch hat kaum Aussicht auf Erfolg, da das Sozialamt zu Recht die Überleitung innerhalb der 10 – Jahresfrist vorgenommen hat.

Die Tochter kann den Anspruch auf Rückforderung des Hausgrundstücks durch den Sozialhilfeträger abwenden, wenn sie den monatlichen Differenzbetrag zwischen den Heimpflegeplatzkosten und der Altersrente der Eltern Mustermann zahlt[330]. Die Zahlungsverpflichtung der Tochter endet spätestens mit dem Erreichen des berechneten Wertersatz für das Hausgrundstück **(praktischer Fall)**.
Die Höhe des Wertersatzes, den die Tochter für das Hausgrundstück zu zahlen hat, wird nach dem Bewertungsgesetz[331] (BewG) berechnet. Bei der Berechnung wird der Verkehrswert[332] des Hausgrundstücks zum Zeitpunkt des Abschlusses des Übertragungsvertrages abzüglich der fiktiven Kosten für das Wohnungsrecht festgestellt[333]. Dieser Wertersatz wäre grundsätzlich von der Tochter für den Elternteil oder die Eltern einzusetzen.

329 Widerspruchsfrist beträgt 4 Wochen

330 § 528 Abs. 1 Satz 2 BGB „...Der Beschenkte kann die Herausgabe durch Zahlung des für den Unterhalt erforderlichen Betrags abwenden...“

331 § 9 Bewertungsgesetz

332 Verkehrswert: aktueller Wert der am freien Markt für den Gegenstand/Recht zu erzielen ist.

333 § 14 Bewertungsgesetz (BewG) Lebenslange Nutzungen und Leistungen

5.2.4.2.1 Berechnung des Wertersatz für das Hausgrundstück der Mustermanns

Beispiel:

Verkehrswert des Hausgrundstücks zum Zeitpunkt des Vertragsschlusses	380.000,- €
abzüglich	
Wertersatz für die mehrjährige Nutzung des Wohnungsrechts[334]	28.800,- €
Grundsätzlich von der Tochter zu zahlender Wertersatz für das Hausgrundstück	351.200,- €
Für ein Elternteil 351.200,-€ ./. 2 =	175.600,- €

Die Tochter müsste bei der Feststellung des Notbedarfs eines Elternteils einen Betrag von bis zu 175.600,- Euro in monatlichen Raten als Wertersatz leisten, um den Anspruch auf Herausgabe des Hausgrundstücks an das Sozialamt abzuwenden.
Ist der errechnete Wertersatz für den Elternteil verbraucht und der Elternteil muss weiterhin in der Pflegeeinrichtung versorgt werden, dann muss auch der errechnete Wertersatz des anderen Elternteils für die Heimpflegekosten eingesetzt werden. Der Wertersatz erhöht sich somit um weitere 175.600,- Euro auf bis zu 351.200,- Euro, der Grund hierfür ist in der so genannten Bedarfsgemeinschaft[335] der Eltern Mustermann zu sehen, in der das gemeinschaftliche

334 Hier wurde der Wert des Wohnungsrechts mit 600,- €/pro Monat angesetzt, die Eltern nutzen das Wohnungsrecht bereits 4 Jahre

335 § 1 SGB II Bedarfsgemeinschaft

Vermögen und Einkommen für den Lebensunterhalt der Gemeinschaft einzusetzen ist.[336]

Kann die Tochter diesen monatlichen Betrag nicht zahlen, muss sie mit dem zuständigen Sozialamt eine vertragliche Stundung[337] anstreben. Diese Stundungsvereinbarung bewirkt, dass das Sozialamt den monatlichen Differenzbetrag für den Heimpflegeplatz auf Darlehnsbasis zahlt. Gleichzeitig wird in der Vereinbarung festgelegt, dass die gezahlten Leistungen im Grundbuch der Tochter „dinglich“ abgesichert werden. Darüber hinaus vereinbart das Sozialamt mit der Tochter eine angemessene Ratenzahlung zur Rückführung der Sozialhilfeleistungen[338].

Nach Abschluss dieses Stundungsvertrages zahlt das Sozialamt für einen oder beide Elternteile Mustermann die monatlich notwendigen Sozialhilfeleistungen (Sozialhilfebedarf der Eltern) aus, die im Grundbuch der Tochter Mustermann, in Abteilung III, mit einer Grundschuld abgesichert (verdinglicht) sind.

Grundlage für eine entsprechende Regelung gemäß § 91 SGB XII ist es, dass die sofortige Zahlung des Differenzbetrages für die Tochter eine persönliche Härte darstellt[339]. Diese persönliche Härte ist bei der Tochter bereits gegeben, wenn sie mit ihrer Familie und den Eltern das Hausgrundstück bewohnt[340].

Niemand muss seine Bestandsimmobilie[341] für die Zahlung von Elternunterhalt veräußern!

336 § 2 Abs. 2 SGB II „...die mit ihnen in einer Bedarfsgemeinschaft lebenden Personen haben in eigener Verantwortung alle Möglichkeiten zu nutzen, ihren Lebensunterhalt aus eigenen Mitteln und Kräften zu bestreiten ...“

337 Stundung ist die Vereinbarung zwischen Gläubiger (Sozialamt) und dem Schuldner (Tochter), die die monatliche Zahlungspflicht der Tochter aufschiebt, der sich aus dem Gesetz ergibt.

338 § 91 SGB XII Darlehen

339 § 90 SGB XII Einzusetzendes Vermögen

340 § 90 Abs. 2 Nr. 8 SGB XII

341 Immobilie in der die Familie der Tochter wohnt

Fazit:
Durch die Stundungsvereinbarung verbleibt der Tochter das Hausgrundstück und sie kann weiter in der Immobilie wohnen. Die Tochter kann das Darlehn, in einer zwischen Tochter und Sozialamt, vereinbarten Zeit in Raten zurückzahlen, ohne dass ihr angemessener Lebensunterhalt gefährdet wird. Für das Sozialamt ist die Rückzahlung der Sozialhilfebeträge mit der im Grundbuch eingetragenen Grundschuld gesichert.

Hinweis:
Die obige Beschreibung der Überleitung des Rückübertragungsanspruchs eines Hausgrundstücks auf das Sozialamt gem. § 93 SGB XII findet entsprechende Anwendung auf ein, der Tochter übertragenes, Wohnungseigentum (Eigentumswohnung) oder Erbbaurecht, siehe Seite 96.
Die Begründung für die entsprechende Anwendbarkeit ist in der gleichartigen rechtlichen Ausgestaltung des Hauseigentums, Erbbaurechts und des Wohnungseigentums zu finden. Allen drei Nutzungsarten liegt das Eigentumsrecht[342] zugrunde. Eine Eigentumswohnung wird rechtlich wie ein eigenständiges Hausgrundstück behandelt. Sowohl die Eigentumswohnung (Wohnungseigentum), das Hausgrundstück und das Erbbaurecht erhalten ein eigenständiges Grundbuchblatt als Verzeichnis.

5. 3 Unterhaltspflicht der Kinder gegenüber den Eltern

Das Sozialamt prüft im letzten Schritt, die Unterhaltspflicht der Kinder Mustermann, wenn aus den beiden vorhergehenden Prüfungen (Prüfung vertraglicher Ansprüche und Rückforderung von

342 Beim Erbbaurecht in „analoger Anwendung“, da der Erbbauberechtigte nur die Immobilie nutzen darf und nicht Eigentümer der Grundstücks § 1 Abs. 1 Erbbaurechtsgesetz

geleisteten Schenkungen) keine oder nur teilweise Zahlungsansprüche realisiert werden können.
Bevor der Träger der Sozialhilfe „Hilfe zum Lebensunterhalt" an die Eltern Mustermann gewährt, wird seitens des Sozialamtes geprüft, ob die leiblichen Kinder (Tochter und/oder Sohn Mustermann[343]) den Differenzbetrag zwischen den Heimpflegeplatzkosten und der Altersrente aus ihrem Einkommen und/oder dem Vermögen zahlen können.
Seit der Gesetzesänderung zum 01.01.2022 kann das Sozialamt die leiblichen Kinder zur Zahlung von Elternunterhalt nur in Anspruch nehmen, wenn das jeweilige Kind ein Jahresnettoeinkommen[344] von über 100.000,- Euro überschreitet. Gesetzlich wird vermutet, dass das Einkommen der unterhaltsverpflichteten Person (Tochter Mustermann) die Jahreseinkommensgrenze von 100.000,- Euro netto nicht überschreitet[345].

5. 4 Gesamtfazit zu Kapitel V

Nach der Begutachtung der im Grundbuch für die Eltern Mustermann eintragbaren Rechte und unter Berücksichtigung der sozialrechtlichen Gesetze sowie der Rechtsprechung des BGH bleibt folgendes festzuhalten:

5. 4. 1 Das Hausgrundstück

Die Übertragung der Immobilie auf die Tochter beinhaltet in den ersten 10 Jahren nach dem Eigentumswechsel immer das Risiko

„…der Überleitung des Rückübertragungsanspruch auf das Sozialamt…",

343 Hierzu zählen auch adoptierte Kinder §§ 1754, 1755 BGB

344 § 82 Abs. 2 SGBXII Einkommen

345 § 94 Abs. 1a SGB XII Einkommensgrenze

wenn bei einem oder bei beiden Elternteilen der Notbedarf festgestellte wurde.

Darüber hinaus ist festzustellen, dass

keine Möglichkeit besteht, die 10 – Jahresfrist gemäß § 93 SGB XII in Verbindung mit den §§ 528, 529 BGB zu umgehen.

5. 4. 2 Das Wohnungsrecht

Die Absicherung des Wohnens für die Eltern Mustermann in der übereigneten Immobilie ist nach der derzeitigen Rechtsprechung und den derzeitigen Gesetzen am besten mit einem Wohnungsrecht gemäß § 1093 BGB im Grundbuch abzusichern.

5. 4. 3 Die Rückauflassungsvormerkung

Die für die Eltern eingetragene Rückauflassungsvormerkung kann bei der Überprüfung gemäß § 93 SGB XII außer acht gelassen werden. Mit der RückAV werden besondere Ansprüche gesichert, die nur das Rechtsverhältnis zwischen Tochter und Eltern betreffen und erst dann eine Rückübertragung auslösen, wenn der entsprechend definierte Lebenssachverhalt (vgl. Seite 111) eintritt. Diese „zukünftigen Ansprüche“ können seitens des Sozialamtes nicht übergeleitet werden.

KAPITEL VI

Kosten für die notarielle Urkunde und für die Eintragungen im Grundbuch

6.1 Allgemeine Regelungen zur Berechnung der Kosten

Welche Kosten fallen bei der Übertragung des Hausgrundstücks auf die Tochter an?

Die Kosten unterteilen sich in zwei große Bereiche. Zum einen müssen Mustermanns beim Notar die Kosten für die Erstellung und Abwicklung der notariellen Urkunde bezahlen. Zum anderen fallen Kosten im Amtsgericht – Grundbuchabteilung – an, die ebenfalls zu zahlen sind. Sowohl der Notar als auch das Amtsgericht berechnen die Kosten nach dem Gerichts- und Notarkostengesetz (GNotKG). Vorteil dieser gemeinsamen Berechnungsgrundlage ist, dass beide Institutionen mit den gleichen Werten die Kosten berechnen.

Eine Gebühr für eine Tätigkeit (Gebührentatbestand) setzt sich aus dem Wert des Rechtes und einer dazugehörigen Gebühr aus dem Kostenverzeichnis (KV) zusammen[346]. Mit beiden Informationen kann nun die Höhe der Gebühr festgestellt werden. Hierzu dient eine Tabelle, die unter § 34 Abs. 2 GNotKG zu finden ist. Aus dieser Tabelle[347] kann sowohl der Notar als auch das Amtsgericht die Gebührenhöhe ablesen (siehe Anlage 6).

346 Korintenberg, GNotKG, 22. Auflage, Seite 1109

347 Zusammengestellte Gebührentabelle Anlage 6

6. 2 Kosten der notariellen Urkunde

Die Kosten die beim Notar zu entrichten sind, teilen sich in mehrere Kostenpositionen auf.

6. 2. 1 Beurkundungsgebühr

Die Beurkundungsgebühr wird für alle Tätigkeiten, die für die Fertigung der Urkunde notwendig sind, erhoben. Hier gilt die Kostenverzeichnisnummer (KV-Nr.) 21000[348], die eine zweifache Gebühr auslöst. Für die Familie Mustermann wird die Gebühr nach dem höchsten zu beurkundenden Gegenstand (Wert des Hausgrundstücks) gemäß § 109 GNotKG berechnet. Alle weiteren Gegenstände (Wohnungsrecht, Rückauflassungsvormerkung (RückAV), Erb- und Pflichtteilsverzichtsvertrag) gehen in dem oben genannten Wert mit auf, da sie untereinander in einem Abhängigkeitsverhältnis stehen.[349] Unter dem Abhängigkeitsverhältnis werden Rechtsverhältnisse in Beziehung gesetzt, die losgelöst von einander nicht durchgeführt würden.

Beispiel:
Die Eltern Mustermann würden der Hausübertragung auf ihre Tochter nicht zustimmen[350], wenn sie nicht im Gegenzug ein Wohnungsrecht und eine RückAV in das Grundbuch eingetragen bekämen[351].

In diesem Beispiel ist ein eindeutiges Abhängigkeitsverhältnis zu erkennen, so dass die Gebühr nach dem höchsten, in der Urkunde, festgesetzten Wert berechnet wird.

348 Vergleich Anlage 4
349 Korintenberg, 22. Auflage, RdNr.: 16 zu § 109 GNotKG
350 Juristisch „bewilligen“
351 § 109 Abs. 1 GNotKG „Derselbe Beurkundungsgegenstand“

Die Regelungen des § 109 GNotKG finden auf Verträge „im Wege der vorgenommenen Erbfolge“ (Hausübertragung von den Eltern auf die Kinder) ebenfalls Anwendung[352].
Der Wert für das Hausgrundstück ist dem Notar durch die Beteiligten mitzuteilen[353]. Gemäß § 46 GNotKG richtet sich der Wert des Hausgrundstücks nach dem Verkehrswert, dieser ist wie folgt definiert:

> *„...Der Wert einer Sache (Hausgrundstück) wird durch den Preis bestimmt, der im gewöhnlichen Geschäftsverkehr nach der Beschaffenheit der Sache unter Berücksichtigung aller den Preis beeinflussenden Umstände bei einer Veräußerung zu erzielen wäre (Verkehrswert)...“*

Die Mustermanns müssen dem Notar den „Circa – Wert“ angeben, den sie erzielen könnten, wenn sie das Hausgrundstück verkaufen[354] würden. Zur Vereinfachung können sich die Mustermanns an die Immobilienabteilung ihrer Hausbank wenden. Die Mitarbeiter der Immobilienabteilung können den Mustermanns einen Circa – Wert errechnen, zu dem sie das Hausgrundstück auf dem freien Markt verkaufen könnten. Dieser Circa – Wert ist nun Grundlage für die Berechnung der Beurkundungsgebühr beim Notar.

Beispiel:
Für das Hausgrundstück haben die Mustermanns den Circa – Wert in Höhe von 380.000,00 Euro angegeben.
Die Gebühr bemisst sich jetzt gemäß §§ 109, 46, 95, 34 und der KV-Nr. 21000 des GNotKG nach einem Geschäftswert von 380.000,00 Euro und einer zweifachen Gebühr auf 1.470,00 Euro (Vergleich Anlage 6).

352 Korintenberg, 22. Auflage, RdNr.: 218 zu § 109 GNotKG

353 § 95 GNotKG Mitwirkung der Beteiligten „... die Beteiligten sind verpflichtet, bei der Wertermittlung mitzuwirken. Sie haben ihre Erklärungen über tatsächliche Umstände vollständig und wahrheitsgemäß abzugeben.

354 Juristisch „veräußern“

Mit dieser Gebühr sind alle Tätigkeiten, die mit der Hausübertragung verbunden sind beim Notar abgegolten.

6. 2. 2 Vollzugsgebühr (eventuelle Zusatzgebühr)

Die Vollzugsgebühr gemäß § 112 GNotKG kann in Höhe einer 0,5 Gebühr gemäß KV – Nr. 22100[355] des GNotKG anfallen, wenn der Notar eine zusätzliche Leistung zu der erstellten Urkunde erbringt. Dieses wäre der Fall, wenn im Grundbuch der Mustermanns eine Grundschuld mit einem Nennbetrag von 10.000,00 Euro eingetragen wäre, die nicht mehr valutiert[356]. Diese Grundschuld kann im Grundbuch gelöscht werden, wenn der Gläubiger (finanzierende Bank) die Löschungsbewilligung in der Form des § 29 GBO abgibt[357]. Die Mustermanns beauftragen den Notar, die notwendigen Unterlagen von der Bank anzufordern, die er im Anschluss dem Grundbuchamt zur Löschung der Grundschuld im Grundbuch einreichen soll.

Diese Tätigkeiten wird sich der Notar gemäß § 112 GNotKG in Verbindung mit (i.V.m.) der KV – Nr. 22100 vergüten lassen. Für das obige Beispiel würde eine Gebühr nach einen Geschäftswert von 10.000,00 Euro (Nennbetrag der Grundschuld) und dem Gebührensatz einer 0,5 Gebühr in Höhe von 37,50 Euro[358] anfallen.

355 Vergleich Anlage 4

356 Die Grundschuld ist ein Pfandrecht am Grundstück. Mit einer Grundschuld wird ein Darlehn, welches die Eheleute Mustermann z.B. für den damaligen Hausbau vereinbart hatten, im Grundbuch abgesichert. Ist das Darlehn an die finanzierende Bank zurückgezahlt, valutiert das Darlehn und die Grundschuld nicht mehr.

357 § 29 GBO „...wenn die Eintragungsbewilligung oder die sonstigen zu der Eintragung erforderlichen Erklärungen durch öffentliche (Urkunde eines Notars) oder öffentlich beglaubigte Urkunden (Unterschriftsbeglaubigung eines Notars) nachgewiesen werden ...“

358 Vergleich Anlage 6

Hinweis:
Eine entsprechende Gebühr fällt nur an, wenn der Notar mit zusätzlichen Aufgaben/Tätigkeiten beauftragt wird!

6. 2. 3 Dokumentenpauschale

Der Notar wird den Mustermanns die Kopierkosten und die Druckkosten für die Erstellung der notariellen Urkunde in Rechnung stellen. Das GNotKG regelt dazu in der KV – Nr. 32001[359], dass der Notar pro gefertigte Seite (schwarz/weiß) eine Auslage in Höhe von 0,15 Euro und für eine Seite in Farbe 0,30 Euro berechnen kann.
Der Notar hat für die Fertigung und Abwicklung der notariellen Urkunde 90 Seiten (schwarz/weiß) gefertigt, hierfür wird er den Mustermanns Auslagen in Höhe von 13,50 Euro (90 Seiten á 0,15 Euro = 13,50 Euro) in Rechnung stellen.

6. 2. 4 Post- und Telekommunikationsdienstleistungen

Dem Notar steht für verauslagte Post- und Telekommunikationsgebühren eine Erstattung gemäß der KV – Nr. 32005 des GNotKG gegenüber den Mustermanns zu. Diese KV – Nr. regelt, dass der Notar 20 % der entstandenen Gebühren höchstens jedoch 20,00 Euro für die Inanspruchnahme von Post- und Telekommunikationsdienstleistungen in Rechnung stellen kann.
Bei den Mustermanns fällt die Urkundsgebühr in Höhe von 1.470,00 Euro an, hiervon 20 % wären 294,00 Euro. Hier greift die Kappungsgrenze des Gesetzes „…höchstens 20,00 Euro…“[360].

---

359 Vergleich Anlage 4

360 Vergleich Anlage 4

Der Notar wird den Mustermanns die Auslagenpauschale gemäß KV – Nr. 32005 GNotKG in Höhe von 20,00 Euro in Rechnung stellen.

6. 2. 5 Umsatzsteuer auf die Kosten

Gemäß der KV – Nr. 32014 GNotKG muss der Notar die Umsatzsteuer für sämtliche Kosten in Ansatz bringen.
Nach den o.a. Berechnungen wird derzeit die Umsatzsteuer von 19 % der Kosten erhoben.
Der Notar wird den Mustermanns eine Umsatzsteuer in Höhe von 285,66 Euro (19% aus 1.470,00 + 13,50 + 20,00 = 285,66 Euro) in Rechnung stellen.

6. 2. 6 Grundbuchauszug

Der Notar benötigt für die rechtlichen Feststellungen, die sich aus dem Grundbuchblatt ergeben, einen Grundbuchauszug. Diesen Auszug muss der Notar vor der Fertigung der notariellen Urkunde beim jeweiligen Grundbuchamt anfordern.
Für die Erteilung eines unbeglaubigten Grundbuchauszuges fällt im Gericht – Grundbuchabteilung – eine Gebühr gemäß KV – Nr. 17000 GNotKG[361] in Höhe von 10,00 Euro an, diese Gebühr wird der Notar den Mustermanns ebenfalls (mit Umsatzsteuer) in Rechnung stellen.

361 Vergleich Anlage 5

6. 2. 7 Kosten für die Aufnahme in die elektronische Urkundensammlung

Der Notar ist verpflichtet die errichtet notarielle Urkunde in einer elektronisch geführten Urkundensammlung zu registrieren. Für jede zu registrierende notarielle Urkunde fällt eine Gebühr in Höhe von 4,50 Euro (ohne Umsatzsteuer) an, die von den Mustermanns zu zahlen ist. Der Notar wird diese Gebühr ebenfalls den Mustermanns in Rechnung stellen.

Hinweis:
In einigen Bundesländern[362] ist bereits der elektronische Rechtsverkehr zwischen den Notaren und den Amtsgerichten – Grundbuchabteilung – eröffnet worden. Für die Notare bedeutet diese Öffnung, dass sie alle Anträge, die an die Grundbuchabteilung eines Amtsgerichts gesendet werden müssen, verpflichtend digital erfolgen müssen.
Das GNotKG sieht für diese digitale Stellung von Anträgen eine weitere Gebühr[363] vor. Für die Erstellung der digitalen Datei kann die KV 22114 erhoben werden. Diese ist abhängig vom Wert des Verfahrens mit einer 0,20 Gebühr, höchstens mit 125,00 Euro in Ansatz zu bringen.
Diese Gebühr könnte in einigen Bundesländern zu den o.g. Gebühren hinzugerechnet werden[364].

362 Z.B. in Niedersachsen

363 Vergleich Anlage 4

364 Der Autor lebt in Nordrhein-Westfalen. In diesem Bundesland ist der elektronische Rechtsverkehr noch nicht eröffnet, so dass die Kosten ohne die Gebühren nach KV 22124 und 22125 berechnet worden sind.

6. 2. 8 Kostenrechnung des Notars für die notarielle Beurkundung des „Übertragungsvertrages des Hausgrundstücks von den Eltern auf die Tochter Mustermann"

Der Notar wird folgende Rechnung stellen:

Geschäftswert: 380.000,00 Euro

1)	2,0 Beurkundungsverfahren gemäß § 34 i.V.m. KV – Nr. 21100 GNotKG	1.470,00 Euro
2)	90 gefertigte Kopien á 0,15 Euro gemäß KV – Nr. 32005	13,50 Euro
3)	Postpauschale gemäß KV – Nr. 32005 pauschal	20,00 Euro
4)	19,00 % Umsatzsteuer	285,66 Euro
	Zwischensumme	1.789,16 Euro
5)	Auslage für den Grundbuchauszug	10,00 Euro
6)	19,00 % Umsatzsteuer	1,90 Euro
7)	Auslage für die Aufnahme in die Elektronische Urkundensammlung	4,50 Euro
	Summe der Kosten	**1.805,56 Euro**

6. 2. 9 Wer trägt die Kosten beim Notar?

Wer muss nun die Kosten des Notars bezahlen? Die Mustermanns können aus mehreren Möglichkeiten wählen. Im § 29 GNotKG finden sich zwei Möglichkeiten:

a) „...wer den Auftrag an den Notar erteilt hat..."
Wenn die Eltern Mustermann den Notar beauftragt haben, eine Übertragungsurkunde im Entwurf vorzubereiten, dann sind die Eltern Mustermann gegenüber dem Notar die Kostenschuldner. Sie müssen die Kosten zahlen, wenn nicht eine Erklärung nach der Alternativ b.) vorliegt.

b) „...wer die Kostenschuld gegenüber dem Notar übernommen hat..."
Die Tochter Mustermann könnte nun gegenüber dem Notar erklären, dass sie die Kosten der notariellen Urkunde übernimmt, dann müsste die Tochter die Kosten an den Notar zahlen[365].

Die Familie Mustermann könnte gegenüber dem Notar erklären, dass die Eltern die Hälfte und die Tochter die andere Hälfte der Kosten trägt. In diesem Fall haften die Mustermanns gemäß § 32 Abs. 1 GNotKG als Gesamtschuldner[366]. Das bedeutet, dass grundsätzlich jeder nur die Hälfte der Kosten zu tragen hätte. Zahlt die eine Seite (z.B. Tochter) ihre Kosten nicht, dann kann der Notar die Kosten von der anderen Seite (z.B. den Eltern) komplett fordern.

Der Notar wird die Kostenrechnung demjenigen übersenden, der von den Mustermanns als Kostenschuldner dem Notar genannt wurde.

365 Diese Erklärung wird am Ende der notariellen Urkunde aufgeführt, siehe hierzu Seite 226

366 § 431 BGB „... Schulden mehrere eine unteilbare Leistung, so haften sie als Gesamtschuldner..."

6. 3 Kosten der Eintragungen im Grundbuch

Das Amtsgericht berechnet die Kosten, wie oben angeführt, ebenfalls nach dem GNotKG. Der Unterschied zur Kostenberechnung des Notars liegt darin, dass das Gericht für jedes Recht, welches in das Grundbuch eingetragen wird, eine Gebühr erhebt. Im Gegensatz erhebt der Notar nach dem höchsten Wert seine Gebühr.
Im Gericht fallen für die Mustermanns drei Gebühren für

- die Eintragung der Eigentumsveränderung
- der Eintragung des Wohnungsrechts
- der Eintragung der Rückauflassungsvormerkung

an.

6. 3. 1 Kosten für die Eigentumsübertragung

Die Eigentumsübertragung wird nach dem Verkehrswert[367] des Hausgrundstücks berechnet.
Die Mustermanns haben in der notariellen Urkunde angegeben, dass das Hausgrundstück einen Verkehrswert in Höhe von 380.000,00 Euro besitzt. Diesen Wert legt das Amtsgericht zur Berechnung der Kosten zu Grunde. Für die Eintragung der Eigentumsveränderung wird nun eine 1,0 Gebühr gemäß der KV – Nr. 14110[368] berechnet, so dass ein Gebührenwert in Höhe von 735,00[369] Euro fällig wird.

367 § 46 GNotKG Sache
368 Vergleich Anlage 5
369 Vergleich Anlage 6

6. 3. 2 Gebühr für die Eintragung des Wohnungsrechts

Der Geschäftswert für die Eintragung des Wohnungsrechts lässt sich nicht so einfach berechnen, wie der der Eigentumsveränderung. Der Wert ist gemäß § 52 Abs. 3 und 4 GNotKG zu ermitteln. Ansatzpunkt ist die Wertangabe für das Wohnungsrecht in der notariellen Urkunde. Hier wurde von den Mustermanns ein Monatswert von 600,00 Euro angegeben. Aus diesem Monatswert ist nun der Jahreswert zu berechnen. Bei den Mustermanns beträgt der Jahreswert somit 7.200,00 Euro. Nach § 52 Abs. 3, 2 Alternative GNotKG[370] fällt das Wohnungsrecht unter die Rechte, die auf unbestimmte Zeit eingetragen werden[371]. Für die Eintragung eines Rechtes auf unbestimmte Zeit, wird grundsätzlich der zehnfache Jahreswert in Ansatz gebracht, somit grundsätzlich 72.000,00 Euro. Ist das Recht zudem noch an die Lebensdauer der Berechtigten (hier die Eltern Mustermann) gekoppelt, dann ist eine Kontrollberechnung nach § 52 Abs. 4 i.V.m. der 1. Alt. GNotKG[372] durchzuführen.

Das Wohnungsrecht der Mustermanns bleibt solange im Grundbuch wirksam eingetragen, bis der längstlebende Elternteil verstorben ist, somit ist das Wohnungsrecht auf die Lebensdauer der Eltern beschränkt.

Nun muss geprüft werden, welches Lebensalter Frau bzw. Herr Mustermann hat. Gehen wir davon aus, dass Frau Mustermann 69 Jahre und Herr Mustermann 71 Jahre alt sind. Nach der Tabelle des § 52 Abs. 4 GNotKG ist für Frau Mustermann der Faktor 10 (zehnfacher Jahreswert = 72.000,00 Euro) und für Herrn Mustermann der Faktor 5 (fünffacher Jahreswert = 36.000,00 Euro) zu berücksichtigen.

---

370 Vergleich Anlage 7

371 Unbestimmte Zeit = es ist vorab nicht feststellbar, wie lange dieses Recht im Grundbuch eingetragen sein wird

372 Vergleich Anlage 7

Das Wohnungsrecht wird für die beiden Elternteile als ein Recht im Grundbuch eingetragen, so dass § 52 Abs. 4, 1. Alt. GNotKG[373] zu berücksichtigen ist

„…wenn das Recht mit dem Tod des zuletzt Sterbenden erlischt, das Lebensalter der jüngsten Person…“

Frau Mustermann ist die „jüngste Person“, so dass der Gebührenwert für die Eintragung des Wohnungsrechtes in Höhe von 72.000,00 Euro in Ansatz zu bringen ist. Die Eintragungsgebühr beträgt 1,0 nach der KV – Nr. 14121[374]. Daraus ergibt sich nun ein Gebührenwert von 219,00 Euro[375].

6. 3. 3 Gebühr für die Eintragung der Rückauslassungsvormerkung / Vormerkung zur Sicherung der Rückübertragungsansprüche

Der Geschäftswert richtet sich nach § 45 Abs. 3 GNotKG

„…einer sonstigen Vormerkung ist der Wert des vorgemerkten Rechts…“

Das „vorgemerkte Recht“ in der RückAV der Mustermanns ist das Hausgrundstück, dieses können die Mustermanns zurückfordern, wenn eine der abgesicherten Alternativen (vergleich Kapitel 3) eintritt. Der Geschäftswert beträgt grundsätzlich 380.000,00 Euro[376]. Einige Oberlandesgerichte[377] (OLG) lassen aufgrund des letzten Halbsatzes im § 45 Abs. 3 GNotKG den halben Geschäftswert

373 Vergleich Anlage 7

374 KV – Nr. 14121 Eintragungsgebühr für ein sonstiges Recht

375 Vergleich Anlage 6

376 OLG Köln Beschluss vom 09.05.2016 Az.:2 Wx 74/16

377 Korintenberg, 22. Auflage, RdNr. 27 zu § 45 GNotKG mit Fußnote 12 OLG Celle, OLG München, OLG Hamm, OLG Bamberg, OLG Oldenburg

gelten, so dass 190.000,00 Euro für die Kostenberechnung anzusetzen sind.
Damit teilt sich die Rechtsauffassung in Deutschland. In dem einen Oberlandesgerichtsbezirk wird der halbe Wert des zu sichernden Anspruchs und im anderen Oberlandesgerichtsbezirk der volle Wert des zu sichernden Anspruchs zur Kostenberechnung herangezogen. Die Gebühr beträgt 0,5 gemäß der KV – Nr. 14150[378], so dass je nach Oberlandesgerichtsbezirk ein Gebührenwert von 217,50 Euro (halber Wert des zu sichernden Anspruchs) oder von 435,00 Euro (voller Wert des zu sichernden Anspruchs) zu zahlen ist.

Weitere Gebühren fallen nicht an, so dass Mustermanns folgende Gebühren für die Eintragungen im Grundbuch zu zahlen haben:

1)	1,0 Gebühr gemäß KV 14110 nach einem Verkehrswert gemäß § 46 GNotKG von 380.000,00 Euro	735,00 Euro
2)	1,0 Gebühr gemäß KV 14121 Nach einem Gegenstandswert gemäß § 52 Abs. 3,4 GNotKG von 72.000,00 Euro	219,00 Euro
3)	0,5 Gebühr gemäß KV 14150 Nach einem Gegenstandswert gemäß § 45 Abs. 3 GNotKG von 190.000,00[379] Euro	217,50 Euro
	Summe der Kosten	**1.171,50 Euro**

378 Vergleich Anlage 6

379 Anderer Meinung OLG Köln, der Gegenstandswert beträgt dort 380.000,00 Euro, die Gebühr beträgt dann 435,00 Euro. Der Autor schließt sich der herrschenden Meinung an und setzt den halben Gegenstandswert (190.000,00 Euro) an.

6. 3. 4 Wer trägt die Kosten beim Amtsgericht?

Wer muss nun die Kosten für die Eintragungen im Grundbuch an das Amtsgericht zahlen? Auch bei den zu zahlenden Kosten an das Gericht finden sich die gleichen Wahlmöglichkeiten, wie bei den Notarkosten. Im Grundsatz unterscheiden sich lediglich die Paragraphen, die die Kostentragungspflicht regeln. Grundsätzlich haftetet gemäß § 22 GNotKG derjenige für die Kosten beim Amtsgericht, der den Antrag auf Eintragung der Veränderungen im Grundbuch gestellt hat. In den überwiegenden Fällen wird der Notar die Anträge an das Amtsgericht gemäß § 15 GBO[380] für die Eltern, als auch für die Tochter Mustermann stellen. Somit sind sowohl die Eltern als auch die Tochter Kostenschulder für die Eintragungskosten im Grundbuch.

Eine weitere Möglichkeit ergibt sich aus § 27 Nr. 2 GNotKG, dort ist aufgeführt, dass die Kosten derjenige zu tragen hat, der sich in einer schriftlichen Erklärung gegenüber dem Gericht erklärt hat, die Kosten für die Eintragung der Veränderungen im Grundbuch zu tragen. Auch hier gilt, wie bei den Notarkosten, sowohl die Eltern als auch die Tochter Mustermann können in dem notariell beurkundeten Übertragungsvertrag erklären, dass sie gemeinsam oder nur die Eltern oder nur die Tochter zur Zahlung der Gerichtskosten verpflichtet ist. Der Notar würde folgende Formulierung für die „Kostentragungspflicht“ mit in die Urkunde aufnehmen:

> *„…die Kosten für die Durchführung des vorstehenden Vertrages als auch die Kosten für die Eintragung der Rechtsveränderungen im Grundbuch übernimmt die Tochter Mustermann…“*

380 Vollmacht zur Stellung der Anträge an den Notar gemäß § 15 Abs. 2 GBO, dort heißt es „... Ist die zu einer Eintragung erforderliche Erklärung von einem Notar beurkundet oder beglaubigt, so gilt dieser als ermächtigt (bevollmächtigt), im Namen eines Antragsberechtigten (Eltern und Tochter Mustermann) die Eintragung zu beantragen ...“

Diese Regelung wird sehr häufig in notariellen Urkunden getroffen. Denn die Eltern übertragen der Tochter das Hausgrundstück und die Tochter muss lediglich für die Kosten beim Notar und beim Amtsgericht einstehen. Hat sich nun die Tochter für die Zahlungen sämtlicher Kosten bereiterklärt, müsste sie folgenden Gesamtkosten zahlen.

6. 3. 5 Gesamtkosten der Übertragung des Hausgrundstücks auf die Tochter

Summe der Kosten beim Notar	1.805,56 Euro
Summe der Kosten beim Amtsgericht	1.171,50 Euro
Gesamtkosten	**2.977,06 Euro**

Zusatz:
Berechnung der Kosten für die Eintragung einer Grundschuld bei einem Notar und bei einem Amtsgericht

Beispiel:
Die Tochter Mustermann möchte die Immobilie nach der Eigentumsübertragung renovieren. Die Hausbank hat ihr einen Finanzierungskredit über 200.000,- Euro gewährt, der nun im Grundbuch mit einer Grundschuld in Höhe von 200.000,- Euro gesichert werden soll.

a) Welche Kosten fallen für die Beurkundung der Grundschuld beim Notar an?
b) Welche Kosten fallen für die Eintragung der Grundschuld im Amtsgericht an?

Zu a.)
Der Notar kann für die Beurkundung der Grundschuld[381] eine einfache Gebühr gemäß KV 21200[382] nach dem Nennbetrag der Grundschuld nach § 53 GNotKG[383] in Rechnung stellen. Für die Grundschuld fällt eine Gebühr in Höhe von 435,- Euro[384] an.

Gegebenenfalls kann der Notar noch eine weitere 0,50 Gebühr gemäß KV 22200 in Rechnung stellen, wenn er weitere Tätigkeiten im Rahmen der Eintragung der Grundschuld zu verrichten hat. Diese Tätigkeiten sind in der KV 22200 abschließend aufgeführt. Der Wert der Gebühr richtet sich ebenfalls nach § 53 GNotKG „Nennbetrag der Schuld", hier 200.000,- Euro. Die Gebühr würde 217,50 Euro betragen.

Für die Beurkundung der Grundschuld fallen mindestens folgende Gebühren an:

1)	1,0 Gebühr Beurkundungsverfahren gemäß § 34 i.V.m. KV – Nr. 21200 GNotKG	435,00 Euro

Darüber hinaus kann der Notar die folgenden Gebühren in Rechnung stellen:

2)	Postpauschale gemäß KV – Nr. 32005 pauschal	20,00 Euro
3)	19,00 % Umsatzsteuer	86,45 Euro

381 Es handelt sich um eine Grundschuld, die der sofortigen Zwangsvollstreckung unterworfen ist (§ 800 ZPO)

382 Vergleich Anlage 4

383 § 53 GNotKG Grundpfandrechte und sonstige Sicherheiten „...der Wert….einer Grundschuld ist der Nennbetrag der Schuld…"

384 Vergleich Anlage 6

Zwischensumme 541,45 Euro

4) Auslage für die Aufnahme in die Elektronische Urkundensammlung 4,50 Euro

Summe der Kosten **545,95 Euro**

Die Kosten werden der Tochter Mustermann gemäß § 29 Nr. 1 GNotKG[385] durch den Notar in Rechnung gestellt

Zu b.)
Im Amtsgericht fallen zwei Gebühren an:
Für die Eintragung der Grundschuld fällt eine 1,00 Gebühr gemäß KV-Nr. 14121[386] nach dem „Nennbetrag der Schuld", hier 200.000,- Euro gemäß § 53 GNotKG an. Die Gebühr beträgt 453,00 Euro[387].

Die Hausbank bitte immer um die Erteilung eines unbeglaubigten Grundbuchauszuges. Hierfür fällt eine Gebühr gemäß KV 17000[388] in Höhe von 10,00 Euro an.

Weitere Gebühren fallen nicht an, so dass die Tochter Mustermann folgende Gebühren für die Eintragungen im Grundbuch zu zahlen hat:

385 § 29 Nr. 1 GNotKG „... Die Notarkosten schuldet, wer den Auftrag erteilt oder den Antrag gestellt hat ..."

386 Vergleich Anlage 5

387 Vergleich Anlage 6

388 Vergleich Anlage 6

1)	1,0 Gebühr gemäß KV 14121 nach dem Nennbetrag der Schuld gemäß § 53 GNotKG von 200.000,00 Euro	453,00 Euro
2)	Festgebühr gemäß KV 17000	10,00 Euro
	Summe der Kosten	**463,00 Euro**

Die Kosten werden der Tochter Mustermann durch das Amtsgericht gemäß § 22 GNotKG[389] in Rechnung gestellt.

389 § 22 Abs. 1 GNotKG Kostenschuldner in Antragsverfahren „... In gerichtlichen Verfahren, die nur durch Antrag eingeleitet werden, schuldet die Kosten, wer das Verfahren des Rechtszuges beantragt hat ..." (Tochter Mustermann hat den Antrag gestellt)

KAPITEL VII

Steuerrechtliche Betrachtung der Hausübertragung

Dieses Kapitel beschränkt sich ausschließlich auf die Regelungen hinsichtlich der Schenkungssteuer nach dem Erbschaftssteuer- und Schenkungssteuergesetz (ErbStG). Nach diesem Gesetz werden alle Schenkungen unter Lebenden und alle Vermögensübergänge im Rahmen des Erwerbes von Todes wegen besteuert.
Gemäß § 1 ErbStG unterliegen Schenkungen generell der Besteuerung. Von der Besteuerung der Schenkung wird abgesehen, wenn der Wert der Schenkung einen Betrag von 50,- € nicht übersteigt (§ 22 ErbStG).
Das ErbStG sieht im § 16 ErbStG unterschiedliche Freibeträge vor, so hat ein Abkömmling (Kind) bei einer Schenkung gegenüber jedem Elternteil einen Freibetrag in Höhe von 400.000,- €.[390] Dieser Freibetrag ist nach 10 Jahren erneut ausnutzbar (§ 14 ErbStG). Mehrere innerhalb der Frist anfallende Schenkungen werden zusammengerechnet.
Bei vermögenden Eltern besteht so die Möglichkeit, dem Kind bis zur Vollendung des 20. Lebensjahres einen Betrag in Höhe von 2.400.000,- € steuerfrei zu übertragen (zur Geburt des Kindes von jedem Elternteil 400.000,- €, zum 10. Geburtstag und zum 20. Geburtstag je Elternteil je 400.000,- €.).
Aufgrund der seit dem 01.09.2009 geltenden hohen Steuerfreibeträge für Kinder, besteht für die Eltern Mustermann die Möglichkeit eine Immobilie auf die Tochter zu übertragen, die einen Verkehrswert von bis zu 800.000,- € besitzt. Voraussetzung ist, dass die Immobilie im Grundbuch auf Herrn und Frau Mustermann im Anteilsverhältnis zu je ½ Miteigentumsanteil eingetragen ist, denn nur unter dieser Voraussetzung kann der Steuerfreibetrag voll ausgenutzt werden (Herr Mustermann 400.000,- € und Frau Mustermann 400.000,- €)

390 Siehe Anlage 8

Für den Fall der Mustermanns und der Übertragung des Hausgrundstücks von den Eltern auf die Tochter wird keine Schenkungssteuer erhoben, da der angenommene Verkehrswert 380.000,- € beträgt (vgl. Seite 31).
Darüber hinaus unterliegt der zwischen den Eltern Mustermann und dem Sohn abgeschlossene Erb- und Pflichtteilsverzichtsvertrag ebenfalls nicht der Schenkungssteuer, da hier eine Abfindungssumme in Höhe von 62.500,- € vereinbart wurde (vgl. Seite 42) und somit der Steuerfreibetrag gemäß § 16 ErbStG nicht ausgenutzt wurde.

Sollten die Eltern mit der Tochter vereinbaren, dass die Tochter die Abfindungssumme an den Bruder zahlen soll, dann ist zu beachten, dass Geschwister untereinander nur einen Steuerfreibetrag gemäß Steuerklasse II[391] von 20.000,- Euro geltend machen können.
Bei diesem Sachverhalt würde es sich anbieten, dass die Tochter jedem Elternteil[392] und dem Sohn je 20.000,- Euro überträgt. Die Eltern würden dem Sohn die Summe von 40.000,- Euro übertragen. Mit der positiven Folge, dass seitens des Sohnes nur 2.500,- Euro versteuert werden müssten. Es würde eine Steuer in Höhe von 375,- Euro[393]
Hinweis zur Steuerfreiheit von übertragenen Hausgrundstücken[394].
Die Eltern können der Tochter das gesamte Hausgrundstück steuerfrei übertragen, wenn die Tochter für 10 Jahre mit in der Immobilie wohnt und die Wohnfläche 200 Quadratmeter nicht übersteigt[395].
In diesem Fall muss auch nicht der Steuerfreibetrag in Höhe von 400.000,- Euro gemäß §§ 14, 15 ErbStG in Anspruch genommen

391 Siehe Anlage 8

392 Eltern haben zu Kindern, wenn es sich um eine Schenkung handelt, einen Steuerfreibetrag in Höhe von 20.000,- Euro gemäß Steuerklasse II, Vergleich Anlage 8

393 Vergleich Anlage 8, Klasse II, bis 75.000,- Euro; 15 % von 2.500,- Euro = 375,- Euro

394 § 13 Abs. 1 Nr. 4c Erbschaftssteuer- und Schenkungssteuergesetz (ErbStG)

395 Siehe obige Fußnote

werden. Das heißt für die Eltern, jeder Elternteil könnte der Tochter zusätzlich zur Immobilienübertragung weitere 400.000,- Euro schenken!

Weitere Ausführungen zur steuerrechtlichen Betrachtung von werthaltigen Familienvermögen werden in diesem Buch nicht weiter erörtert, hier wird auf die im Buchhandel erhältliche detaillierte Literatur, zur Besteuerung von Familienvermögen, verwiesen.

GESAMTFAZIT ZU DIESEM BUCH

Nach dem Studium dieses Buches sollte der Leser in der Lage sein, eine bevorstehende Hausübertragung auf ein oder mehrere Kinder zu planen. Dabei ist es für die Planung völlig unerheblich, ob das Hausgrundstück auf ein Kind zum Alleineigentum oder auf mehrere Kinder in einem Anteilsverhältnis übertragen wird. Die in diesem Buch besprochenen Problematiken werden dem Leser sowohl bei der Übertragung des Hausgrundstücks auf ein Kind wie auch bei der Übertragung auf mehrere Kinder begegnen.
Mit einer Ausnahme: Übertragen die Eltern das Hausgrundstück, die Eigentumswohnung oder ein Erbbaurecht auf alle Kinder im gleichen Anteilsverhältnis, so bedarf es keines Erb- und Pflichtteilsverzichtsvertrages zwischen Eltern und Kindern. Darüber hinaus würden Abfindungszahlungen an die Kinder nicht notwendig, da alle Kinder gemeinschaftlich an dem Immobilienvermögen beteiligt werden. Diese Variante wird häufig von den Eltern gewählt, wenn die Kinder bereits eigenes Immobilienvermögen besitzen und die Eltern ihre Immobilie weiterhin im Familienbesitz wünschen. Mit einer Übertragung der Immobilie auf alle Kinder wird versucht, die Zehnjahresfrist nach den Schenkungsregeln frühzeitig in Gang zu setzen. Mit dem Ziel, die Familienimmobilie vor dem Zugriff durch das Sozialamt zu schützen.

Zurück zum Fall der Mustermanns: Zwei Generationen wohnen in einer Immobilie und mit dem Sohn wird ein Erb- und Pflichtteilsverzichtsvertrag geschlossen und als Ausgleich erhält der Sohn eine Abfindungssumme.
Für diesen Fall bleibt festzuhalten, dass sich die Eltern wie folgt im Grundbuch absichern sollten:

- Eintragung eines auflösend bedingten Wohnungsrechts

- Eintragung einer Rückauflassungsvormerkung[396]

- Ggfs. jeweils mit einem Rangvorbehalt für noch einzutragende Grundpfandrechte (Grundschulden, Hypotheken)

Mit diesen eingetragenen Rechten für die Eltern im Grundbuch, ist deren Wohnen in der übertragenen Immobilie wirksam abgesichert (Achtung: Zwangsversteigerung der Immobilie, vgl. Seite 117). Darüber hinaus haben sich die Eltern über die eingetragene Rückauflassungsvormerkung ein begrenztes „Mitspracherecht" bezüglich des Schicksals der übertragenen Immobilie gesichert.
Des Weiteren bleibt festzuhalten, dass das Wohnungsrecht aus heutiger Sicht ein ideales Absicherungsrecht für die Eltern ist. Weder das Sozialamt noch die Tochter, als neue Eigentümerin, kann den Eltern das Wohnungsrecht streitig machen oder gar aus dem Recht heraus einen Wertersatz fordern. Die derzeitige Gesetzeslage und die gefestigte Rechtssprechung des Bundesgerichtshofs bietet den Eltern wie auch den Kindern ein hohes Maß an Rechtssicherheit und Schutz vor unkalkulierbaren Risiken, insbesondere derer aus dem Sozialgesetz heraus.

Darüber hinaus sollten die Eltern Mustermann nach der Übertragung der Immobilie ein Ehegattentestament in der Form eines „Berliner Testaments" errichten, denn nur in einem entsprechenden Testament / Erbvertrag können die Eltern den Sohn noch zum Erben nach dem längstlebenden Elternteil berufen (vgl.51 ff.).
Der Autor kann aufgrund des derzeitigen Kenntnisstands nur zu der oben beschriebenen Vorgehensweise raten.

396 Vormerkung zur Sicherung von Rückübertragungsansprüchen

ANLAGEN

Anlage 1
Änderung der Erbanteile bei Bestehen einer Gütergemeinschaft[397] zwischen den Eltern

Die Gütergemeinschaft kann nur durch notariellen Vertrag (Ehevertrag) unter den Ehegatten als Familiengüterstand für die Ehe vereinbart werden. Prägend für die Gütergemeinschaft ist, dass das Vermögen der beiden Ehegatten grundsätzlich gemeinschaftliches Vermögen wird (Gesamtgut)[398]. Kein Ehegatte kann über seinen Anteil am Gesamtgut oder einem einzelnen Gegenstand allein verfügen[399]. Das bedeutet, dass der eine Ehegatte nicht ohne den anderen Ehegatten einen Gegenstand aus dem gemeinschaftlichen Vermögen (Gesamtgut) verkaufen, verschenken oder vererben kann.
Des Weiteren stehen den Ehegatten nach Abschluss des Ehevertrages weitere Vermögensbereiche zu. Jeder Ehegatte kann sich im Vertrag so genanntes Vorbehaltsgut[400] zuschreiben lassen, dieses kann er alleine verwalten[401]. Darüber hinaus gibt es in der Gütergemeinschaft noch den Vermögensbereich des Sondergutes[402].
In diesen Bereich fallen Ansprüche des jeweiligen Ehegatten, die nicht durch einen Vertrag auf ihn übertragen wurden (unpfändbare Ansprüche, höchstpersönliche Pflegeleistungen).
Hier soll nur kurz der Güterstand umrissen werden. Eine Vertiefung des Güterstandes würde hier den Rahmen der ursprünglichen Problematik sprengen. Viele Ehegatten wissen gar nicht, dass sie in dem Güterstand der Gütergemeinschaft leben. Zum 01.07.1958

397 Gütergemeinschaft kann in einem notariellen Ehegattenvertrag gem. §§ 1408, 1410 BGB vereinbart werden.

398 Gesamtgut gem. § 1416 BGB

399 Gemeinschaftliche Verfügung der Ehegatten § 1419 BGB

400 Vorbehaltsgut des Ehegatten § 1418 BGB

401 Alleinige Verfügung durch den Ehegatten § 1418 Absatz 3 BGB

402 Sondergut des Ehegatten § 1417 BGB

wurde durch den Gesetzgeber die Zugewinngemeinschaft als gesetzlicher Güterstand eingeführt. Viele Notare sind noch bis zur Familienrechtsreform vom 01.10.1976 dazu übergegangen, den Ehegatten, im Rahmen einer notariellen Vertragsabwicklung hinsichtlich eines Baugrundstücks oder eines Eigenheims, einen Ehevertrag zur Unterzeichnung vorzulegen, in diesem vereinbarten die Ehegatten den Güterstand der Gütergemeinschaft.

Woran erkennen die Mustermanns, dass sie für ihre Ehe den „Güterstand der Gütergemeinschaft" vereinbart haben?

Ein Blick in den Grundbuchauszug des Eigenheims hilft hier. Leben die Mustermanns, die auch Eigentümer der Immobilie sind, im Güterstand der Gütergemeinschaft, dann ist auch das Immobilienvermögen auf die Gütergemeinschaft der Eigentümer eingetragen. Ein Eintragungsbeispiel im Grundbuchblatt:

Herr Mustermann und Frau Mustermann
in Gütergemeinschaft

Gleichzeitig mit dem Ehevertrag wurde in der gleichen Urkunde unter den Ehegatten eine erbrechtliche Regelung getroffen, die da heißt

„die Ehegatten setzen sich gegenseitig zu Alleinerben ein"

Aus dem Ehevertrag wurde ein sogenannter Ehe – und Erbvertrag. In diesem Vertrag wurde die Erbfolge nach dem Erstversterbenden geregelt, so dass die gesetzliche Erbfolge nach dem Erstverstorbenen nicht eintritt.
Diese Formulierung soll mit einem Beispiel erläutert werden, hierzu sind die Daten aus dem Beispiel 1, der Seite 25 entnommen worden.
Berechnung der Erbanteile und Pflichtteilsanteile bei einer bestehenden Gütergemeinschaft.

Anzumerken ist, dass der überlebende Ehegatte lediglich einen gesetzlichen Erbanspruch auf ¼ des Nachlasses besitzt. Die weiteren ¾ des Nachlasses teilen sich die Kinder, so dass sich beim Vorliegen einer Gütergemeinschaft die Pflichtteilsrechte der Kinder erhöhen (siehe Beispiel 3). Die Ausführungen zu dem Abfindungsanspruch des Sohnes sind identisch zu denen des Beispiels 1 (Zugewinngemeinschaft).

Beispiel 3: Berechnung der Erbanteile bei einer Gütergemeinschaft

Erben	gesetzliches Erbrecht (bei Gütergemeinschaft ohne Testament/ Erbvertrag) Verteilungsmasse: 200.000 €		Pflichtteilsrecht (bei Gütergemeinschaft ohne Testament/ Erbvertrag) Verteilungsmasse: 200.000 €	
	Erbanteil	Erbanteil in Geldwert	Pflichtteil-anteil	Pflichtteil in Geldwert
Ehefrau	¼ Anteil	50.000,- €	1/8 Anteil	25.000,- €
Tochter	3/8 Anteil	75.000,- €	3/16 Anteil	37.500,- €
Sohn	3/8 Anteil	75.000,- €	3/16 Anteil	37.500,- €

Gütertrennung[403]

Der Vollständigkeit halber muss noch auf den Güterstand der Gütertrennung eingegangen werden, da sich bei diesem Güterstand die Erbquoten ebenfalls ändern.

Durch den Güterstand der Gütertrennung erfolgt eine vollständige Trennung der Vermögensmassen beider Ehegatten, ohne dass nach der Scheidung der Ehe von einem der Beiden ein Zugewinnausgleich zu zahlen ist. Jedem Ehegatten obliegt die Verwaltung seines Vermögens und er bleibt Eigentümer sowohl des vor der Eheschließung als auch des während der Ehe von ihm erworbenen Vermögens. Dieser Güterstand wird häufig von Ehegatten gewählt, bei denen der eine Ehegatte ein Familienunternehmen führt und der andere nicht am Unternehmen beteiligt ist. In dem notariellen Ehevertrag trennen die Ehegatten das Familienvermögen von dem Unternehmensvermögen.

Die Ehefrau führt das Unternehmen, so dass ihr ausschließlich das Unternehmensvermögen zugewiesen wird. Das Familien- / Privatvermögen wird auf den Ehemann übertragen. Sollte nun dem Unternehmen durch eine wirtschaftliche Schieflage die Zahlungsunfähigkeit (Insolvenz) drohen, so kann das Familien - / Privatvermögen von der drohenden Insolvenz verschont werden. Bei einer Insolvenz des Unternehmens wird nur das Unternehmensvermögen verwertet.

Bei dem Güterstand der Gütertrennung ergeben sich die unter Beispiel 4 aufgeführten gesetzlichen Erbansprüche und die daraus resultierenden Pflichtteilsrechte.

403 Vereinbarung der Gütertrennung durch notariellen Vertrag §§ 1414, 1410 BGB

Beispiel 4: Berechnung der Erbanteile bei einer Gütertrennung

Erben	gesetzliches Erbrecht (bei Gütertrennung ohne Testament/ Erbvertrag) Verteilungsmasse: 200.000 €		Pflichtteilsrecht (bei Gütertrennung ohne Testament/Erbvertrag) Verteilungsmasse: 200.000 €	
	Erbanteil	Erbanteil in Geldwert	Pflichtteil-anteil	Pflichtteil in Geldwert
Ehefrau	1/3 Anteil	66.666,68 €	1/6 Anteil	33.333,34 €
Tochter	1/3 Anteil	66.666,66 €	1/6 Anteil	33.333,33 €
Sohn	1/3 Anteil	66.666,66 €	1/6 Anteil	33.333,33 €

Haben die Ehegatten den Güterstand der Gütertrennung gewählt und der Ehegatte ist, wie im Beispiel 1 (siehe Seite 12) verstorben, dann erhalten die Ehefrau wie auch die Kinder den gleichen Anteil am Nachlass[404]. Der Abfindungsanspruch des Sohnes kann entsprechend meinen Ausführungen zum Güterstand der Zugewinngemeinschaft errechnet und vereinbart werden, lediglich die Höhe des Abfindungsbetrages kann variieren.

404 Erbrecht des Ehegatten bei bestehender Gütertrennung § 1931 Absatz 4 BGB

Anlage 2
Regelungen zur Ausgestaltung eines Erbvertrages[405] / eines Testaments[406]

Der Tochter und dem Schwiegersohn stehen zwei Möglichkeiten zur Verfügung ihren Nachlass[407] zu regeln.

Ehegattentestament

Ehegatten können ein gemeinschaftliches handschriftliches Ehegattentestament[408] errichten (schreiben). In diesem Testament können die Ehegatten gemeinschaftlich Regelungen bezüglich ihres Nachlasses treffen und darüber hinaus können sie auch Regelungen vereinbaren, wie sie auf der Seite 139 ff beschrieben sind.

Welche Voraussetzungen muss ein gemeinschaftliches handschriftliches Ehegattentestament erfüllen?

Der Gesetzgeber hat fünf Bedingungen im BGB festgeschrieben:

1) Testierfähigkeit[409]
Die Tochter und der Schwiegersohn müssen bei der Errichtung des Testaments testierfähig sein. Die Testierfähigkeit ist eng mit der Geschäftsfähigkeit der jeweiligen Person verbunden. Testierfähig ist jede Person, die sich bewusst ist, dass sie mit dem vorliegenden Schreiben (Testament)

405 § 1941 Abs. 1 BGB Der Erblasser kann durch Vertrag einen Erben einsetzen sowie Vermächtnisse und Auflagen anordnen (Erbvertrag).

406 § 1937 BGB Erbeinsetzung durch letztwillige Verfügung (Testament)

407 Vermögen welches eine verstorbene Person hinterlassen hat

408 § 2265 BGB Errichtung durch Ehegatten

409 § 2229 Abs. 3 BGB Testierunfähigkeit

Regelungen über ihr Vermögen trifft, die nach ihrem Tod ihre rechtlichen Wirkungen entfalten sollen.

2) Persönliche Errichtung des Testaments
Tochter und Schwiegersohn müssen das Testament persönlich[410] errichten, das bedeutet, dass die Tochter und der Schwiegersohn nicht von einer anderen Person bei der Errichtung (Schreiben) des Testaments vertreten werden können. Eine Vertretung ist auch aufgrund des 3. Punktes ausgeschlossen.

3) Handschriftliche Errichtung[411]
Das gemeinschaftliche handschriftliche Testament muss von einem der Ehegatten handschriftlich abgefasst und vom anderen Ehegatten mit unterschreiben werden (siehe Pkt. 5)[412]. Diese Regelung stellt eine Ausnahme zu den allgemeinen Testamentsregelungen dar. Mit dieser Regelung wird vermieden, dass beide Ehegatten jeweils ein gleichlautendes Testament schreiben müssen.

4) Orts- und Datumsangabe[413]
Das errichtete (geschriebene) gemeinschaftliche Testament muss den Ort und das Errichtungsdatum enthalten.

5) Unterschrift[414] der Testatoren[415]
Nach der Abfassung des gemeinschaftlichen Testaments müssen beide Ehegatten das Testament unterschreiben (Vor- und Nachname).

410 § 2064 BGB persönliche Errichtung
411 § 2247 Abs. 1 BGB eigenhändiges Testament
412 § 2267 BGB Gemeinschaftliches eigenhändiges Testament
413 § 2247 Abs. 2 BGB Angabe von Zeit und Ort
414 Siehe Fußnote 2
415 Verfasser des Testaments werden auch als Testatoren bezeichnet

Sind die fünf Punkte von der Tochter und von dem Schwiegersohn beachtet worden, dann haben sie ein wirksames gemeinschaftliches handschriftliches Testament unter den Ehegatten errichtet. Weitere Voraussetzung ist, dass das Testament in Papierform und als Original vorliegt.
Fehlt es an einer der obigen Voraussetzungen, dann ist das abgefasst Testament unwirksam und kann nach dem Tod des Erblassers keine Wirkung entfalten.

Erbvertrag
In einem Erbvertrag können die Ehegatten (Tochter und Schwiegersohn) sämtliche erbrechtliche Regelungen treffen, wie sie auch in einem gemeinschaftlichen privatschriftlichen Ehegattentestament getroffen werden können. Der Unterschied zu einem Testament besteht in der starken Bindungswirkung[416] eines Erbvertrags, zu dem kann ein Erbvertrag nur vor einem Notar in einer notariellen Urkunde errichtet werden[417]. Aufgrund der starken Bindungswirkung des Erbvertrages können die Ehegatten einen Erbvertrag nur durch ein gemeinschaftliches Ehegattentestament[418] oder durch einen Aufhebungs- oder Änderungsvertrag aufheben oder verändern. Eine einseitige Aufhebung des Erbvertrages ist grundsätzlich nicht möglich.
Inhaltlich können sowohl in einem Erbvertrag wie auch in einem Testament die gleichen Regelungen getroffen werden.

Bezüglich weiterer Ausführungen zur Thematik „Errichtung eines Testamentes“ und eines „Erbvertrages“ wird auf die im Buchhandel erhältliche Literatur verwiesen.

416 § 2289 BGB Wirkung des Erbvertrags auf letztwillige Verfügungen
417 § 2276 BGB Form des Erbvertrages
418 § 2292 BGB Aufhebung durch gemeinschaftliches Testament

Anlage 3

Kapitalwert

einer lebenslänglichen Nutzung oder Leistung

im Jahresbetrag von einem Euro für Bewertungsstichtage ab 1. Januar 2022

Kapitalwert ist nach der am 9. Juli 2021 veröffentlichten Allgemeinen Sterbetafel 2018/2020 des Statistischen Bundesamtes unter Berücksichtigung von Zwischenzinsen und Zinseszinsen mit 5,5 Prozent errechnet worden. Der Kapitalwert der Tabelle ist der Mittelwert zwischen dem Kapitalwert für jährlich vorschüssige und jährlich nachschüssige Zahlungsweise.

	Männer		Frauen	
Vollendetes Lebensalter	Durchschnittliche Lebenserwartung	Vervielfältiger Kapitalwert	Durchschnittliche Lebenserwartung	Vervielfältiger Kapitalwert
0	78,54	18,403	83,38	18,467
1	77,8	18,392	82,62	18,458
2	76,81	18,376	81,64	18,446
3	75,82	18,359	80,65	18,433
4	74,83	18,342	79,65	18,419
5	73,84	18,323	78,66	18,405
6	72,85	18,304	77,67	18,39
7	71,85	18,283	76,67	18,374
8	70,86	18,261	75,68	18,357
9	69,86	18,238	74,68	18,339
10	68,87	18,214	73,68	18,32
11	67,87	18,188	72,69	18,301
12	66,88	18,161	71,69	18,28
13	65,88	18,133	70,7	18,258
14	64,89	18,103	69,7	18,234
15	63,9	18,071	68,71	18,21
16	62,91	18,038	67,72	18,184
17	61,92	18,003	66,73	18,157
18	60,94	17,967	65,74	18,129
19	59,96	17,928	64,75	18,099
20	58,99	17,888	63,76	18,067
21	58,01	17,845	62,77	18,033
22	57,03	17,8	61,78	17,998
23	56,06	17,753	60,79	17,961
24	55,08	17,703	59,8	17,922
25	54,1	17,65	58,81	17,88
26	53,13	17,595	57,82	17,837
27	52,15	17,537	56,83	17,791
28	51,17	17,475	55,84	17,742
29	50,2	17,411	54,85	17,691
30	49,22	17,342	53,87	17,638
31	48,25	17,271	52,88	17,581
32	47,28	17,196	51,9	17,521
33	46,3	17,116	50,91	17,458
34	45,33	17,032	49,93	17,392
35	44,37	16,945	48,95	17,323
36	43,4	16,853	47,97	17,25
37	42,44	16,756	47	17,173
38	41,48	16,655	46,02	17,092
39	40,53	16,549	45,05	17,007
40	39,57	16,436	44,07	16,917
41	38,62	16,319	43,1	16,823

	Männer		Frauen	
Vollendetes Lebensalter	Durchschnittliche Lebenserwartung	Vervielfältiger Kapitalwert	Durchschnittliche Lebenserwartung	Vervielfältiger Kapitalwert
42	37,68	16,197	42,13	16,724
43	36,73	16,068	41,17	16,621
44	35,79	15,933	40,2	16,511
45	34,85	15,791	39,24	16,396
46	33,92	15,643	38,28	16,276
47	32,99	15,488	37,33	16,15
48	32,07	15,327	36,38	16,018
49	31,15	15,157	35,43	15,879
50	30,25	14,983	34,49	15,734
51	29,35	14,801	33,55	15,582
52	28,45	14,609	32,62	15,424
53	27,56	14,41	31,69	15,258
54	26,69	14,207	30,77	15,085
55	25,82	13,993	29,85	14,903
56	24,96	13,772	28,94	14,715
57	24,12	13,546	28,04	14,519
58	23,28	13,31	27,14	14,313
59	22,46	13,069	26,25	14,100
60	21,66	12,824	25,37	13,879
61	20,86	12,567	24,5	13,65
62	20,08	12,306	23,64	13,413
63	19,32	12,042	22,78	13,164
64	18,57	11,77	21,93	12,908
65	17,83	11,49	21,09	12,642
66	17,11	11,208	20,26	12,368
67	16,4	10,918	19,43	12,081
68	15,7	10,621	18,62	11,788
69	15,01	10,318	17,81	11,482
70	14,33	10,008	17,01	11,167
71	13,66	9,691	16,22	10,843
72	13	9,368	15,44	10,508
73	12,35	9,038	14,68	10,169
74	11,7	8,696	13,92	9,815
75	11,07	8,354	13,17	9,452
76	10,45	8,005	12,44	9,084
77	9,84	7,651	11,71	8,702
78	9,25	7,297	11	8,315
79	8,66	6,931	10,29	7,913
80	8,09	6,567	9,61	7,514
81	7,53	6,199	8,95	7,112
82	7	5,839	8,3	6,703
83	6,49	5,484	7,68	6,298
84	6	5,133	7,1	5,908
85	5,54	4,795	6,54	5,519
86	5,11	4,472	6,02	5,147
87	4,71	4,164	5,54	4,795
88	4,33	3,866	5,08	4,449
89	3,99	3,593	4,66	4,125
90	3,67	3,333	4,28	3,826
91	3,39	3,101	3,93	3,545
92	3,13	2,882	3,61	3,283
93	2,9	2,687	3,33	3,051
94	2,69	2,506	3,07	2,832
95	2,5	2,34	2,84	2,635
96	2,33	2,191	2,63	2,454
97	2,19	2,067	2,45	2,297
98	2,05	1,942	2,3	2,165
99	1,93	1,834	2,17	2,049
100	1,82	1,735	2,03	1,924

Bundesministerium der Finanzen 04.10.2021; V C 7 - S 3104/19/10001 :006

Anlage 4

Kostenverzeichnisnummern (KV - Nr.)
die beim Notar genutzt werden

Abschnitt 1

Verträge, bestimmte Erklärungen sowie

Beschlüsse von Organen einer Vereinigung oder Stiftung

Vorbemerkung 2.1.1:

Dieser Abschnitt ist auch anzuwenden im Verfahren zur Beurkundung der folgenden Erklärungen:

1. Antrag auf Abschluss eines Vertrags oder Annahme eines solchen Antrags oder

2. gemeinschaftliches Testament.

21100	Beurkundungsverfahren	2,00 – mindestens 120,00 €

Abschnitt 1

Vollzug

Unterabschnitt 1

Vollzug eines Geschäfts

Vorbemerkung 2.2.1.1:

(1) Die Vorschriften dieses Unterabschnitts sind anzuwenden, wenn der Notar eine Gebühr für das Beurkundungsverfahren oder für die Fertigung eines Entwurfs erhält, das zugrunde liegende Geschäft betrifft. Die Vollzugsgebühr entsteht für die

1. Anforderung und Prüfung einer Erklärung oder Bescheinigung nach öffentlich-rechtlichen Vorschriften mit Ausnahme der Unbedenklichkeitsbescheinigung des Finanzamts,

8. Anforderung und Prüfung einer Erklärung über die Zustimmung zu einer Schuldübernahme oder einer Entlassung aus der Haftung,

9. Anforderung und Prüfung einer Erklärung oder sonstigen Urkunde zur Verfügung über ein Recht an einem Grundstück oder einem grundstücksgleichen Recht sowie zur Löschung oder Inhaltsänderung einer sonstigen Eintragung im Grundbuch oder in einem Register oder Anforderung und Prüfung einer Erklärung, inwieweit ein Grundpfandrecht eine Verbindlichkeit sichert,

10. Anforderung und Prüfung einer Verpflichtungserklärung betreffend eine in Nummer 9 genannte Verfügung oder einer Erklärung über die Nichtausübung eines Rechts und

22110	Vollzugsgebühr	0,50

32001	Dokumentenpauschale für Ausfertigungen, Kopien und Ausdrucke bis zur Größe von DIN A3, die	

	1. ohne besonderen Antrag von eigenen Niederschriften, eigenen Entwürfen und von Urkunden, auf denen der Notar eine Unterschrift beglaubigt hat, angefertigt oder per Telefax übermittelt worden sind; dies gilt nur, wenn die Dokumente nicht beim Notar verbleiben; 2. in einem Beurkundungsverfahren auf besonderen Antrag angefertigt oder per Telefax übermittelt worden sind; dies gilt nur, wenn der Antrag spätestens bei der Aufnahme der Niederschrift gestellt wird; 3. bei einem Auftrag zur Erstellung eines Entwurfs auf besonderen Antrag angefertigt oder per Telefax übermittelt worden sind; dies gilt nur, wenn der Antrag spätestens am Tag vor der Versendung des Entwurfs gestellt wird: je Seite .... je Seite in Farbe	 0,15 € 0,30 €

32005	Pauschale für Entgelte für Post- und Telekommunikationsdienstleistungen .... Die Pauschale kann in jedem notariellen Verfahren und bei sonstigen notariellen Geschäften anstelle der tatsächlichen Auslagen nach Nummer 32004 gefordert werden. Ein notarielles Geschäft und der sich hieran anschließende Vollzug sowie sich hieran anschließende Betreuungstätigkeiten gelten insoweit zusammen als ein Geschäft.	20 % der Gebühren höchstens 20,00 €

	Sonstige Aufwendungen sind solche, die der Notar aufgrund eines ausdrücklichen Auftrags und für Rechnung eines Beteiligten erbringt. Solche Aufwendungen sind insbesondere verauslagte Gerichtskosten und Gebühren in Angelegenheiten des Zentralen Vorsorge- oder Testamentsregisters sowie des Elektronischen Urkundenarchivs.	

22124	Die Tätigkeit beschränkt sich auf 1. die Übermittlung von Anträgen, Erklärungen oder Unterlagen an ein Gericht, eine Behörde oder einen Dritten oder die Stellung von Anträgen im Namen der Beteiligten, 2. die Prüfung der Eintragungsfähigkeit in den Fällen des § 378 Abs. 3 FamFG und des § 15 Abs. 3 der Grundbuchordnung (1) Die Gebühr entsteht nur, wenn nicht eine Gebühr nach den Nummern 22120 bis 22123 anfällt. (2) Die Gebühr nach Nummer 2 entsteht nicht neben der Gebühr 25100 oder 25101. (3) Die Gebühr entsteht auch, wenn Tätigkeiten nach Nummer 1 und nach Nummer 2 ausgeübt werden. In diesem Fall wird die Gebühr nur einmal erhoben.	20,00 €

22114	Erzeugung von strukturierten Daten in Form der Extensible Markup Language (XML) oder in einem nach dem Stand der Technik vergleichbaren Format für eine automatisierte Weiterbearbeitung	0,2 – höchstens 125,00 €

Kostenverzeichnisnummern für die Eintragung einer Grundschuld

21200	Beurkundungsverfahren .... Unerheblich ist, ob eine Erklärung von einer oder von mehreren Personen abgegeben wird.	1,00 – mindestens 60,00 €

22200	Betreuungsgebühr .... Die Betreuungsgebühr entsteht für die	0,50

	1. Erteilung einer Bescheinigung über den Eintritt der Wirksamkeit von Verträgen, Erklärungen und Beschlüssen,	
	2. Prüfung und Mitteilung des Vorliegens von Fälligkeitsvoraussetzungen einer Leistung oder Teilleistung,	
	3. Beachtung einer Auflage eines an dem Beurkundungsverfahren Beteiligten im Rahmen eines Treuhandauftrags, eine Urkunde oder Auszüge einer Urkunde nur unter bestimmten Bedingungen herauszugeben, wenn die Herausgabe nicht lediglich davon abhängt, dass ein Beteiligter der Herausgabe zustimmt, oder die Erklärung der Bewilligung nach § 19 der Grundbuchordnung aufgrund einer Vollmacht, wenn diese nur unter bestimmten Bedingungen abgegeben werden soll,	
	4. Prüfung und Beachtung der Auszahlungsvoraussetzungen von verwahrtem Geld und der Ablieferungsvoraussetzungen von verwahrten Wertpapieren und Kostbarkeiten,	
	5. Anzeige oder Anmeldung einer Tatsache, insbesondere einer Abtretung oder Verpfändung, an einen nicht an dem Beurkundungsverfahren Beteiligten zur Erzielung einer Rechtsfolge, wenn sich die Tätigkeit des Notars nicht darauf beschränkt, dem nicht am Beurkundungsverfahren Beteiligten die Urkunde oder eine Kopie oder eine Ausfertigung der Urkunde zu übermitteln,	
	6. Erteilung einer Bescheinigung über Veränderungen hinsichtlich der Personen der Gesellschafter oder des Umfangs ihrer Beteiligung (§ 40 Abs. 2 GmbHG), wenn Umstände außerhalb der Urkunde zu prüfen sind, und	
	7. Entgegennahme der für den Gläubiger bestimmten Ausfertigung einer Grundpfandrechtsbestellungsurkunde zur Herbeiführung der Bindungswirkung gemäß § 873 Abs. 2 BGB.	

Bundesamt für Justiz; Fundstelle BGBl I 2013, 2613 - 2653

Anlage 5

Kostenverzeichnisnummern (KV-Nr)
die im Gericht angewandt werden

	Abschnitt 1 **Grundbuchsachen** *Unterabschnitt 1* *Eigentum*	
14110	Eintragung 1. eines Eigentümers oder von Miteigentümern oder 2. von Gesellschaftern einer Gesellschaft bürgerlichen Rechts im Wege der Grundbuchberichtigung	1,00
	(1) Die Gebühr wird nicht für die Eintragung von Erben des eingetragenen Eigentümers oder von Erben des Gesellschafters bürgerlichen Rechts erhoben, wenn der Eintragungsantrag binnen zwei Jahren seit dem Erbfall bei dem Grundbuchamt eingereicht wird. Dies gilt auch, wenn die Erben erst infolge einer Erbauseinandersetzung eingetragen werden. (2) Die Gebühr wird ferner nicht bei der Begründung oder Aufhebung von Wohnungs- oder Teileigentum erhoben, wenn damit keine weitergehende Veränderung der Eigentumsverhältnisse verbunden ist.	

	Unterabschnitt 2 *Belastungen*	
Vorbemerkung 1.4.1.2: Dieser Unterabschnitt gilt für die Eintragung einer Hypothek, Grundschuld oder Rentenschuld, einer Dienstbarkeit, eines Dauerwohnrechts, eines Dauernutzungsrechts, eines Vorkaufsrechts, einer Reallast, eines Erbbaurechts oder eines ähnlichen Rechts an einem Grundstück.		
14121	Eintragung eines sonstigen Rechts	1,00

	Unterabschnitt 5 *Vormerkungen und Widersprüche*	
14150	Eintragung einer Vormerkung	0,50

	Hauptabschnitt 7 **Besondere Gebühren**	
17000	Erteilung von Ausdrucken oder Fertigung von Kopien aus einem Register oder aus dem Grundbuch auf Antrag oder deren beantragte Ergänzung oder Bestätigung: – Ausdruck oder unbeglaubigte Kopie	10,00 €
17001	– amtlicher Ausdruck oder beglaubigte Kopie	20,00 €
	Neben den Gebühren 17000 und 17001 wird keine Dokumentenpauschale erhoben.	
17002	Anstelle eines Ausdrucks wird in den Fällen der Nummern 17000 und 17001 die elektronische Übermittlung einer Datei beantragt: – unbeglaubigte Datei	5,00 €
17003	– beglaubigte Datei	10,00 €

Bundesamt für Justiz; Fundstelle BGBl I 2013, 2613 - 2653

Anlage 6

Auszug aus der Tabelle des Gerichts- und Notarkostengesetz

Geschäfts-wert bis ... €	Gebühr in Euro Tabelle B 1,00	2,00		Geschäfts-wert bis ... €	Gebühr in Euro Tabelle B 1,00	2,00
500	15	30		**200 000**	435	870
1 000	19	38		**230 000**	485	970
1 500	23	46		**260 000**	535	1070
2 000	27	54		**290 000**	585	1170
3 000	33	66		**320 000**	635	1270
4 000	39	78		**350 000**	685	1370
5 000	45	90		**380 000**	735	1470
6 000	51	102		**410 000**	785	1570
7 000	57	114		**440 000**	835	1670
8 000	63	126		**470 000**	885	1770
9 000	69	138		**500 000**	935	1870
10 000	75	150		**550 000**	1015	2030
13 000	83	166		**600 000**	1095	2190
16 000	91	182		**650 000**	1175	2350
19 000	99	198		**700 000**	1255	2510
22 000	107	214		**750 000**	1335	2670
25 000	115	230		**800 000**	1415	2830
30 000	125	250		**850 000**	1495	2990
35 000	135	270		**900 000**	1575	3150
40 000	145	290		**950 000**	1655	3310
45 000	155	310		**1 000 000**	1735	3470
50 000	165	330		**1 050 000**	1815	3630
65 000	192	384		**1 100 000**	1895	3790
80 000	219	438		**1 150 000**	1975	3950
95 000	246	492		**1 200 000**	2055	4110
110 000	273	546		**1 250 000**	2135	4270
125 000	300	600		**1 300 000**	2215	4430
140 000	327	654		**1 350 000**	2295	4590
155 000	354	708		**1 400 000**	2375	4750
170 000	381	762		**1 450 000**	2455	4910
185 000	408	816		**1 500 000**	2535	5070

Bundesamt für Justiz; Fundstelle BGBl I 2013, 2613 - 2653

Anlage 7

§ 52 GNotKG

Nutzungs- und Leistungsrechte

(1) Der Wert einer Dienstbarkeit, einer Reallast oder eines sonstigen Rechts oder Anspruchs auf wiederkehrende oder dauernde Nutzungen oder Leistungen einschließlich des Unterlassens oder Duldens bestimmt sich nach dem Wert, den das Recht für den Berechtigten oder für das herrschende Grundstück hat.

(2) Ist das Recht auf eine bestimmte Zeit beschränkt, ist der auf die Dauer des Rechts entfallende Wert maßgebend. Der Wert ist jedoch durch den auf die ersten 20 Jahre entfallenden Wert des Rechts beschränkt. Ist die Dauer des Rechts außerdem auf die Lebensdauer einer Person beschränkt, darf der nach Absatz 4 bemessene Wert nicht überschritten werden.

(3) Der Wert eines Rechts von unbeschränkter Dauer ist der auf die ersten 20 Jahre entfallende Wert. Der Wert eines Rechts von unbestimmter Dauer ist der auf die ersten zehn Jahre entfallende Wert, soweit sich aus Absatz 4 nichts anderes ergibt.

(4) Ist das Recht auf die Lebensdauer einer Person beschränkt, ist sein Wert

bei einem Lebensalter von …	der auf die ersten … Jahre
bis zu 30 Jahren	20
über 30 Jahren bis zu 50 Jahren	15
über 50 Jahren bis zu 70 Jahren	10
über 70 Jahren	5

entfallende Wert. Hängt die Dauer des Rechts von der Lebensdauer mehrerer Personen ab, ist maßgebend,

1.wenn das Recht mit dem Tod des zuletzt Sterbenden erlischt, das Lebensalter der jüngsten Person,

2.wenn das Recht mit dem Tod des zuerst Sterbenden erlischt, das Lebensalter der ältesten Person.

Bundesamt der Justiz

Anlage 8

Erbschafts- und Schenkungssteuer - Tabelle						
Die angegebenen Steuerklassen sind nicht mit den Steuerklassen der Einkommensteuer vergleichbar		Klasse I			Klasse II	Klasse III
Empfänger		**Ehepartner**	**Kinder, Stiefkinder**	**Enkelkinder**	**Geschwister, Eltern, Neffen...**	**Fremde Dritte**
Freibetrag, einmal in 10 Jahren ausnutzbar		500.000,00 €	400.000,00 €	200.000,00 €	20.000,00 €	20.000,00 €
Geschenkter / vererbter Betrag nach Abzug von Schulden und Freibeträgen	bis 75.000 €	7%	7%	7%	15%	30%
	über 75.000 € bis 300.000 €	11%	11%	11%	20%	30%
	über 300.000 € bis 600.000 €	15%	15%	15%	25%	30%
	über 600.000 € bis 6.000.000 €	19%	19%	19%	30%	30%
	über 6.000.000 € bis 13.000.000 €	23%	23%	23%	35%	50%
	über 13.000.000 € bis 26.000.000 €	27%	27%	27%	40%	50%
	ab 26.000.000 €	30%	30%	30%	43%	50%

Stichwortverzeichnis